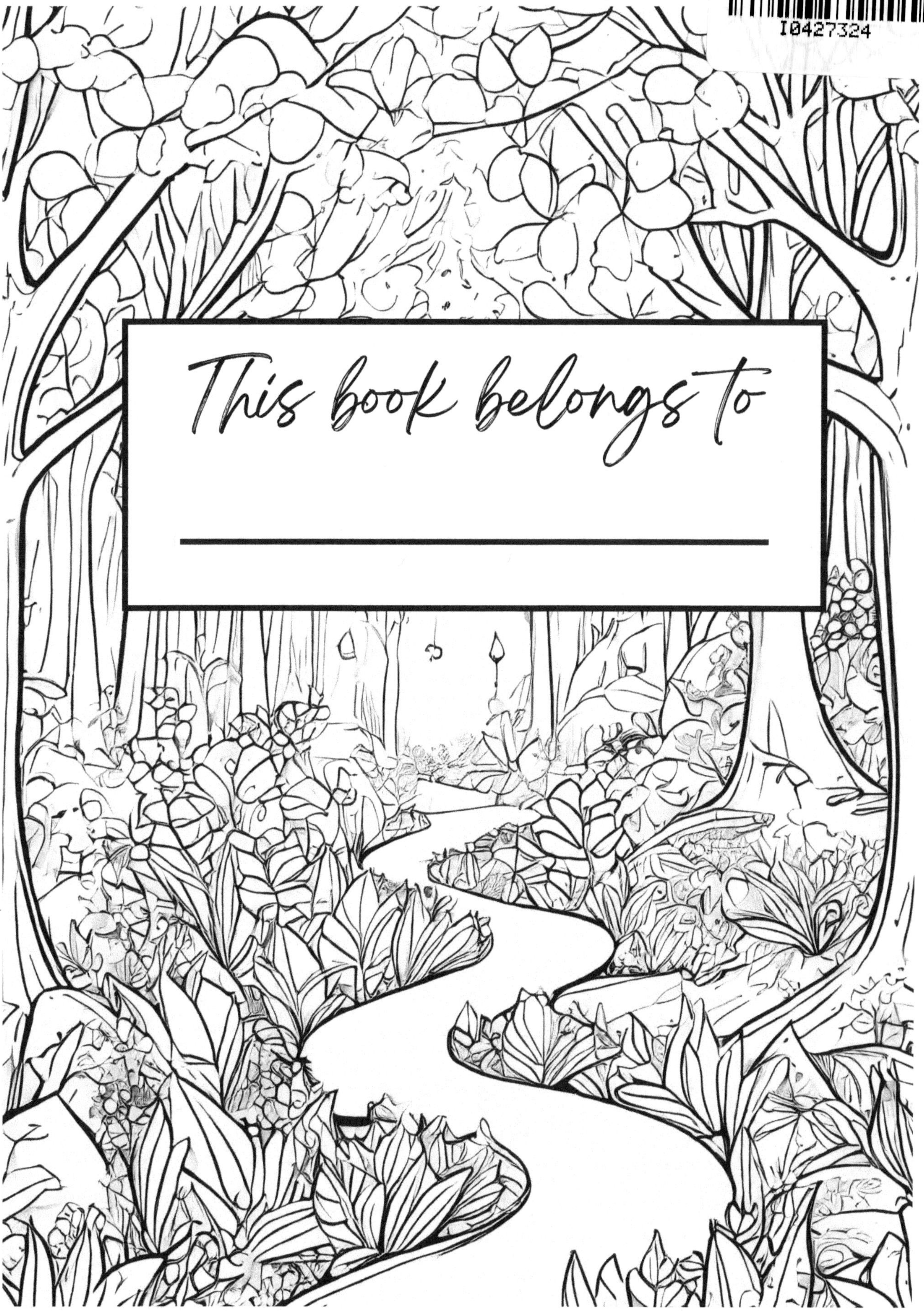
This book belongs to

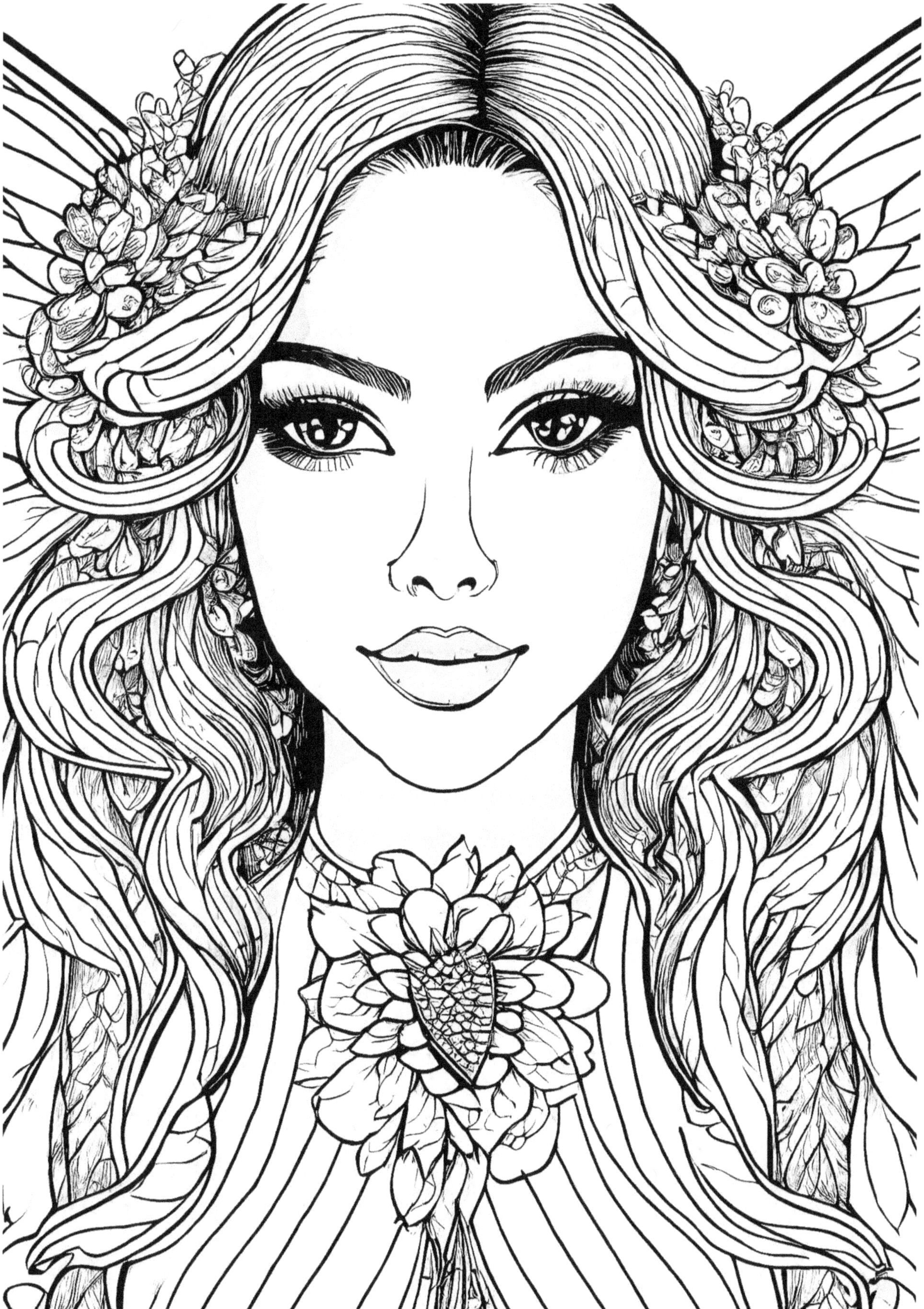

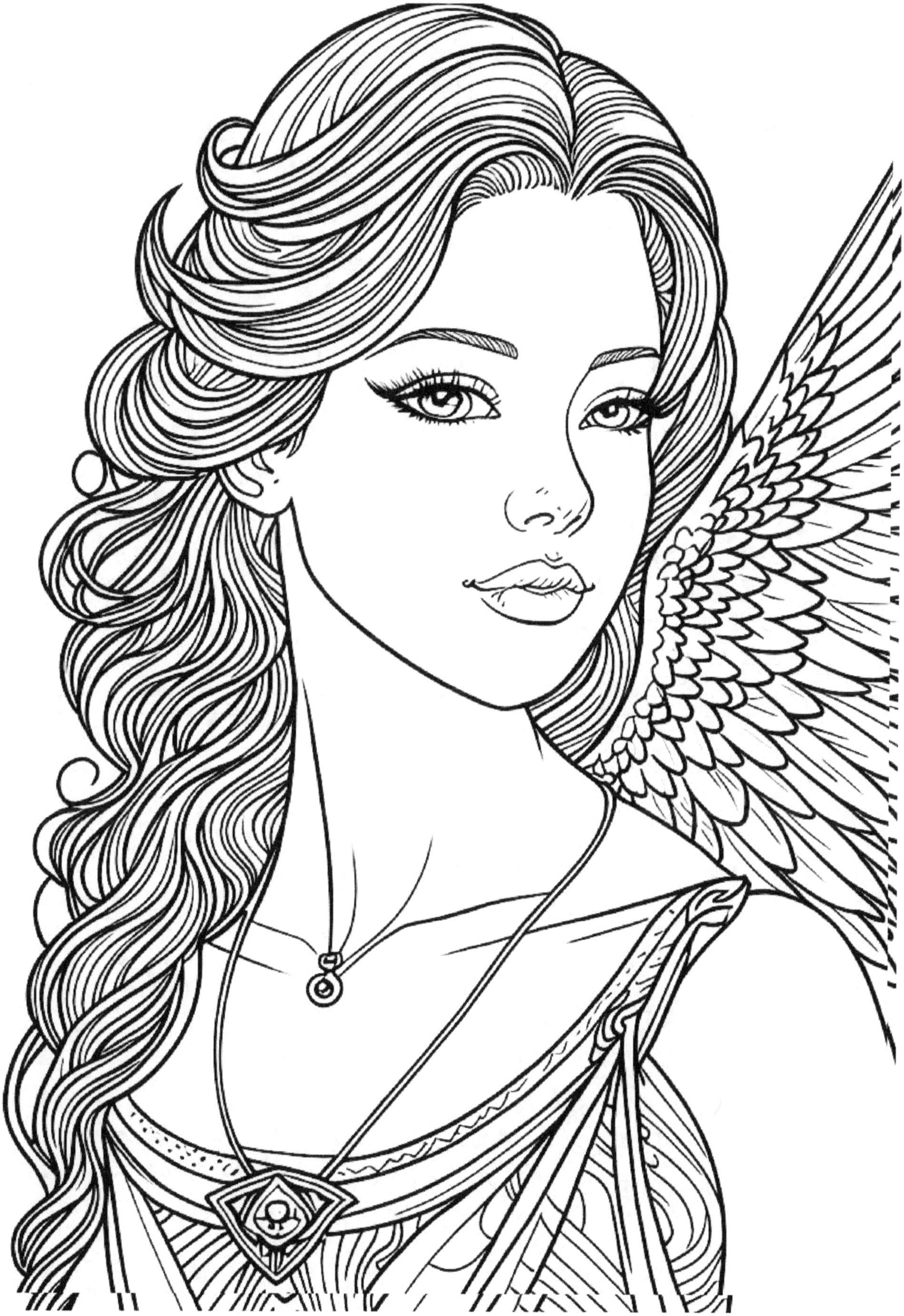

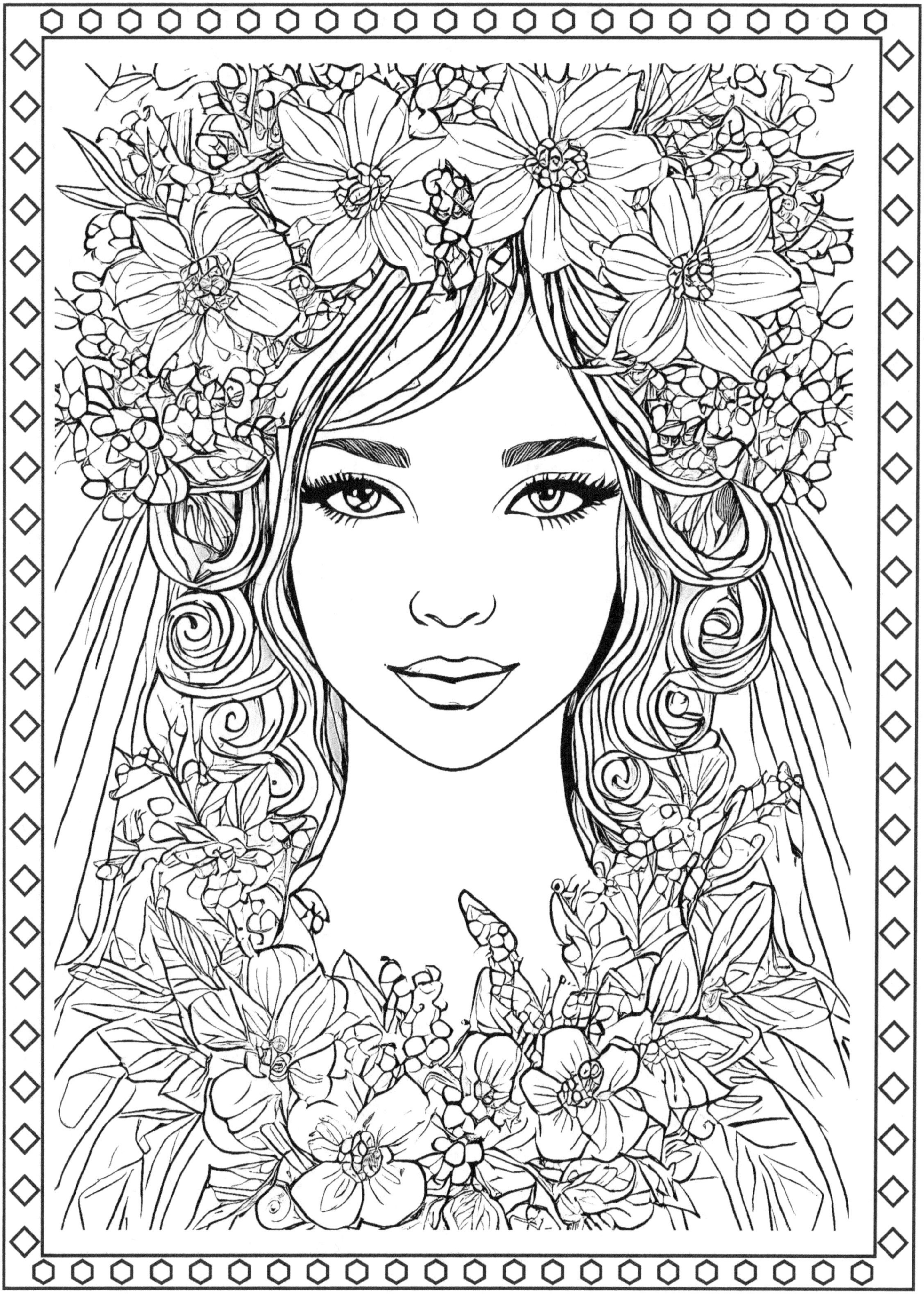

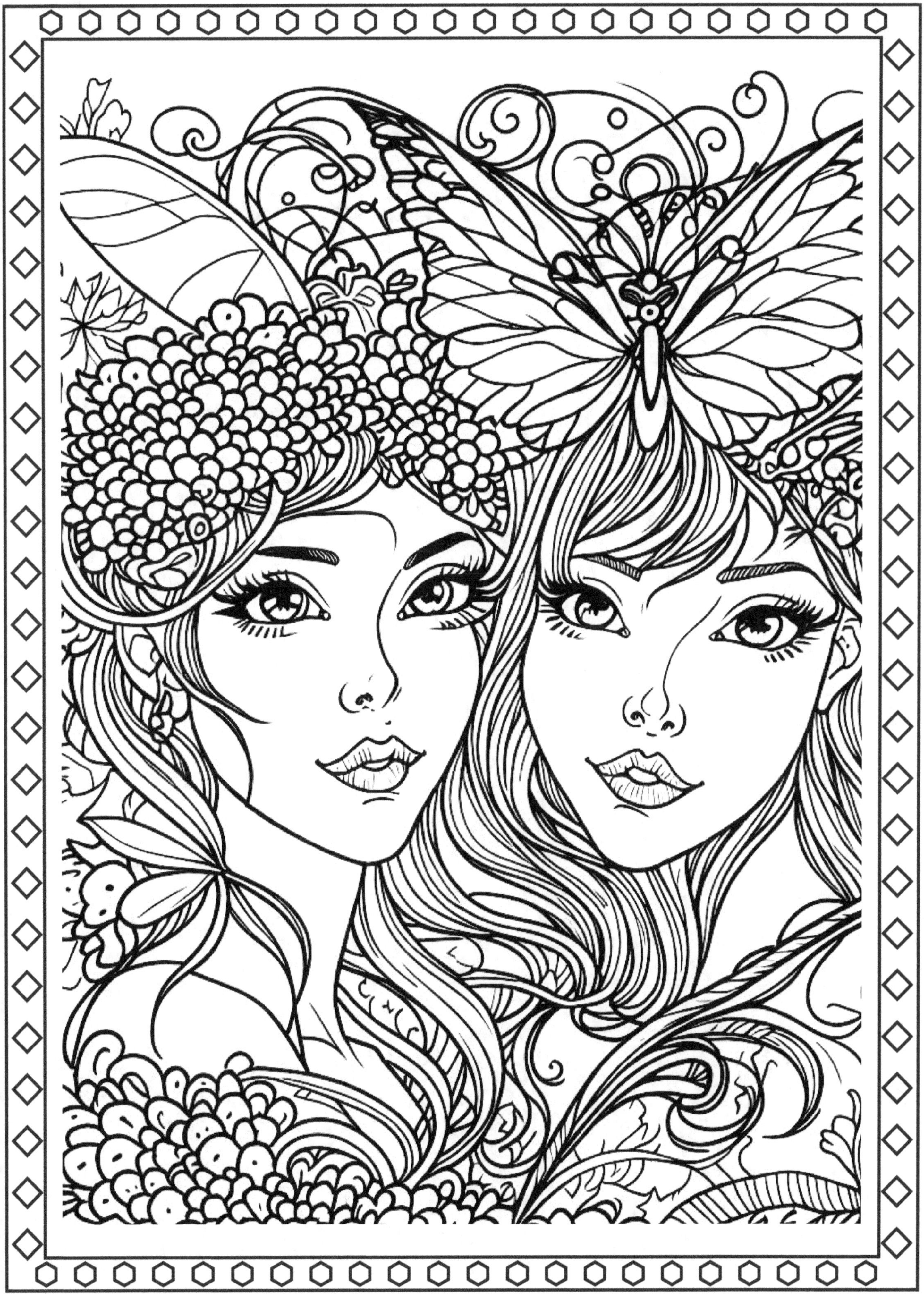

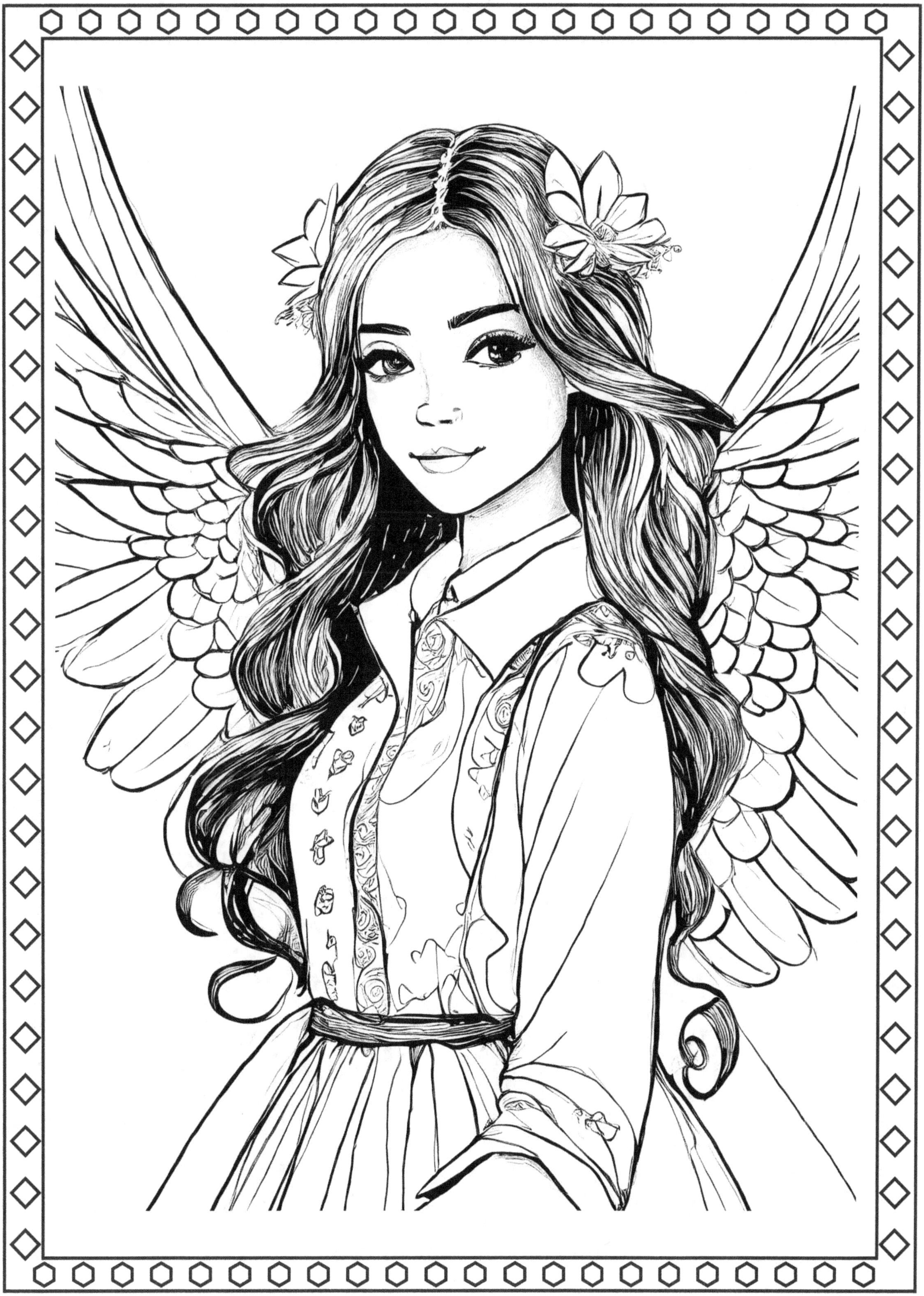

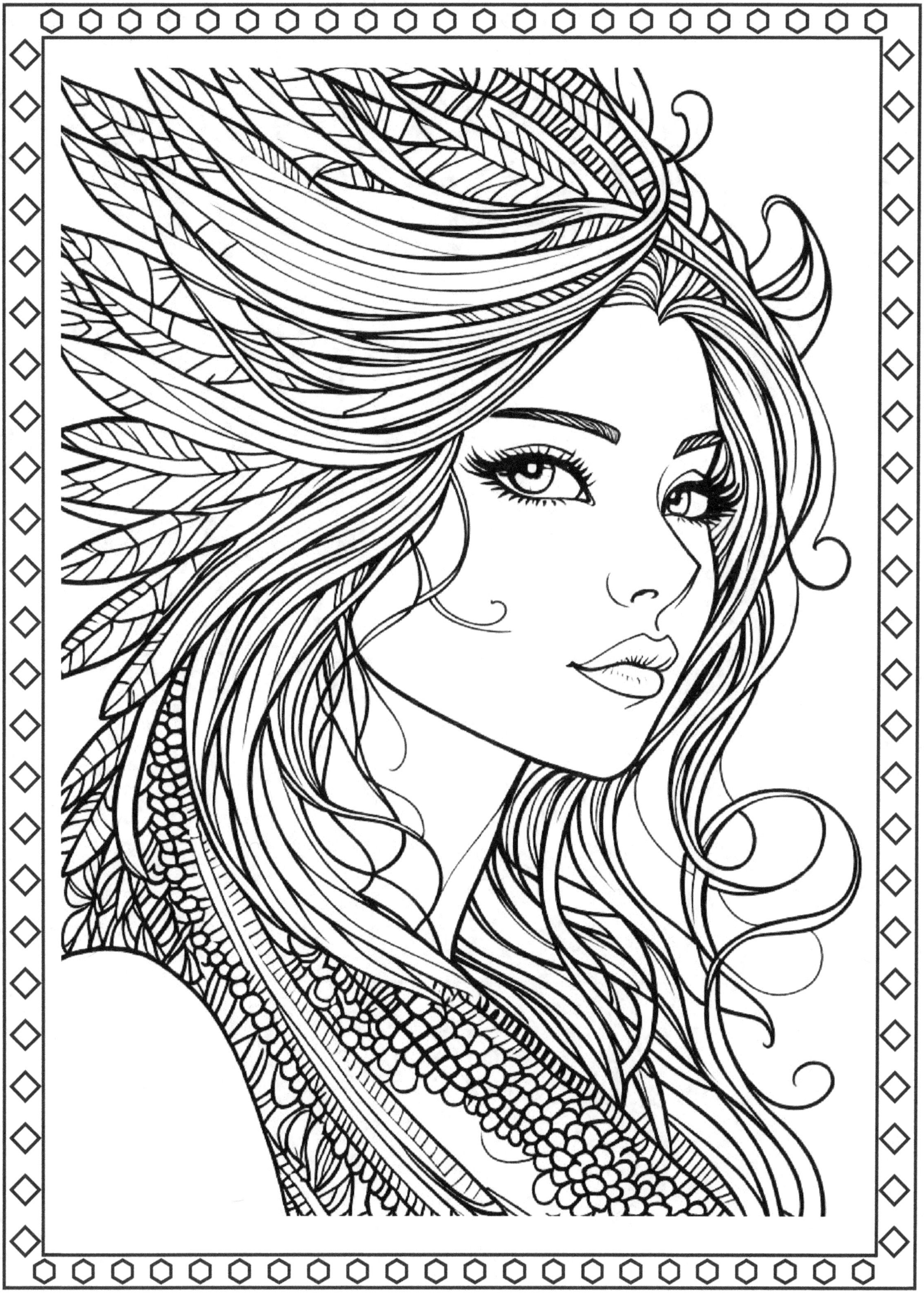

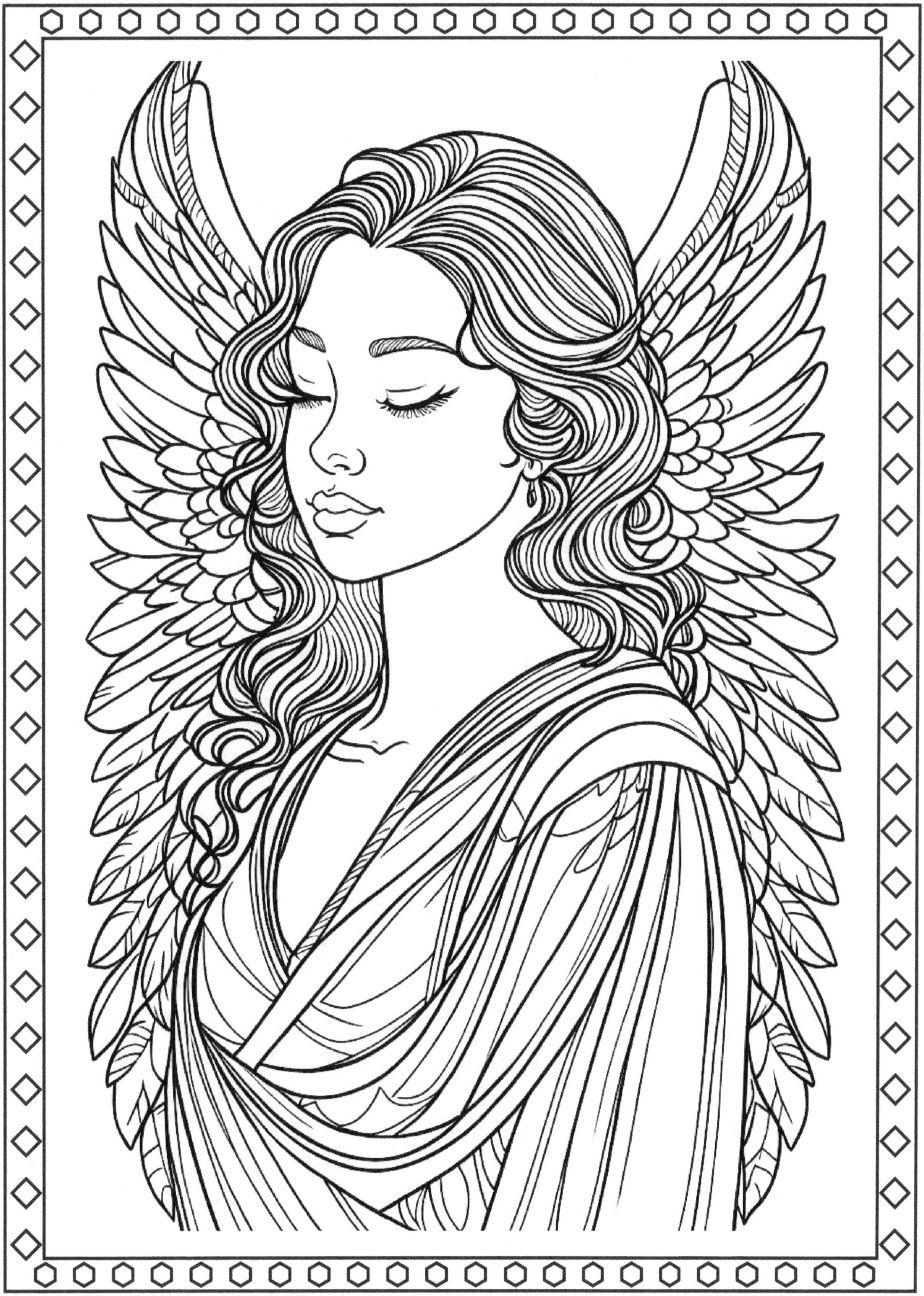

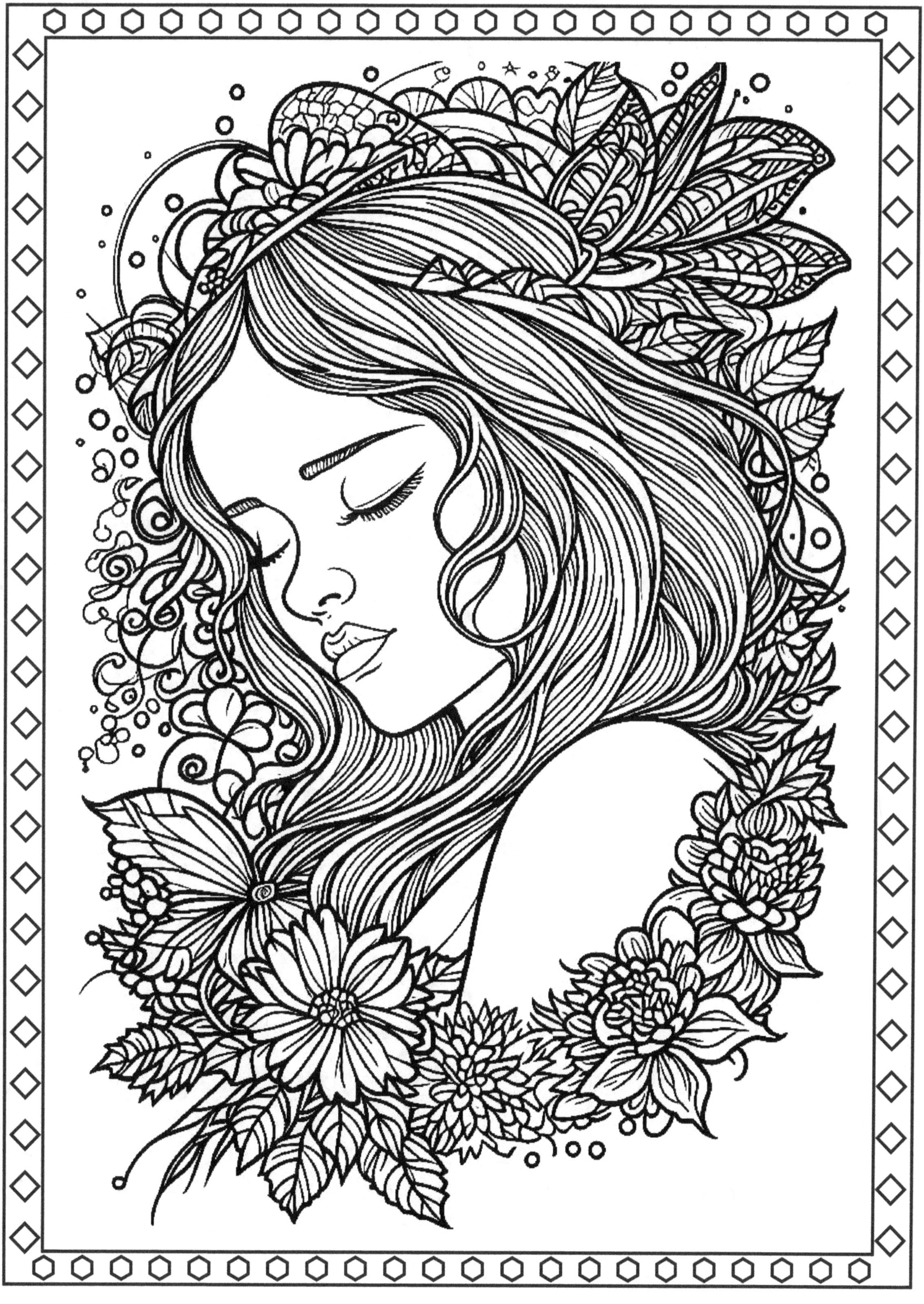

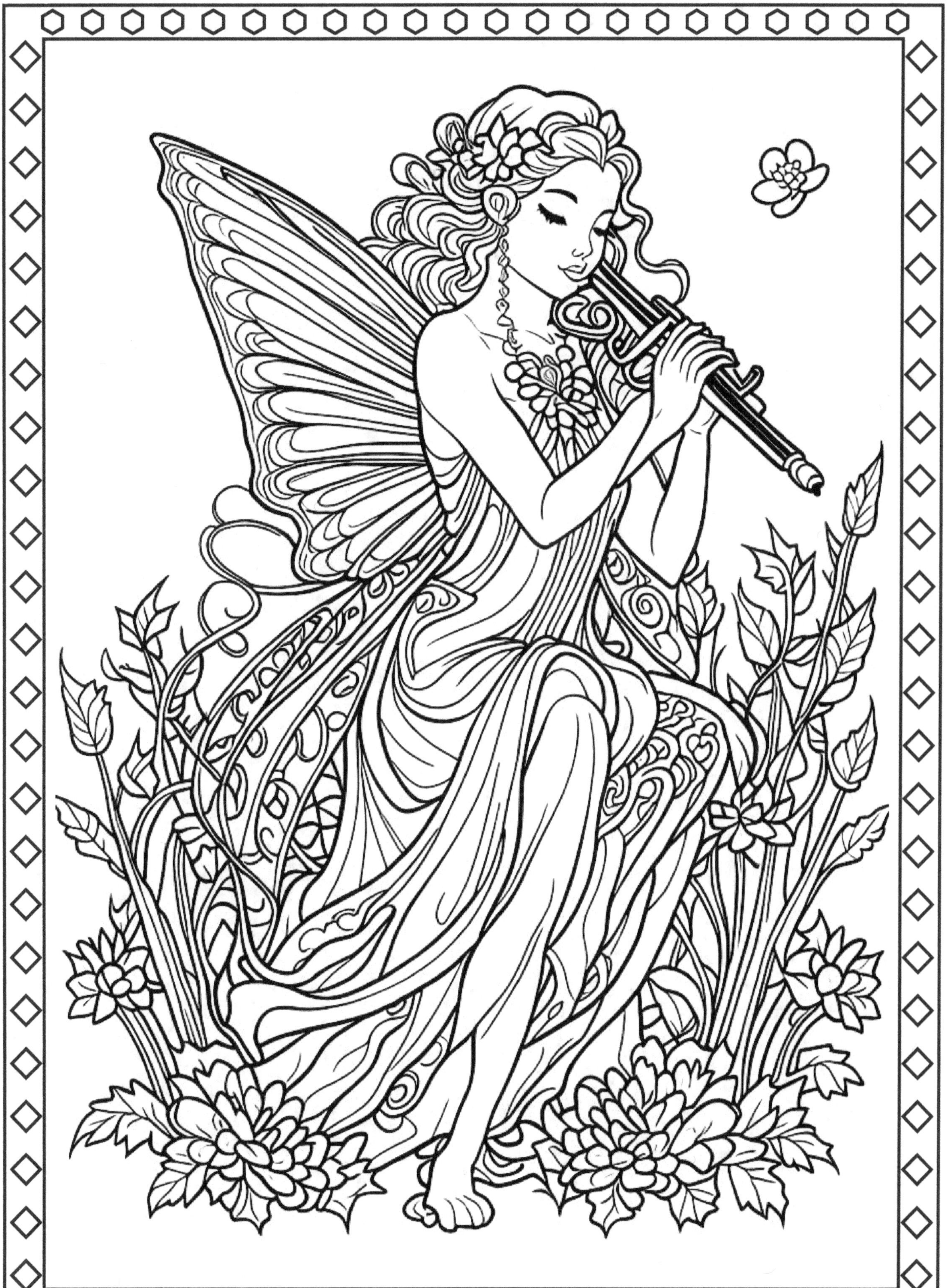

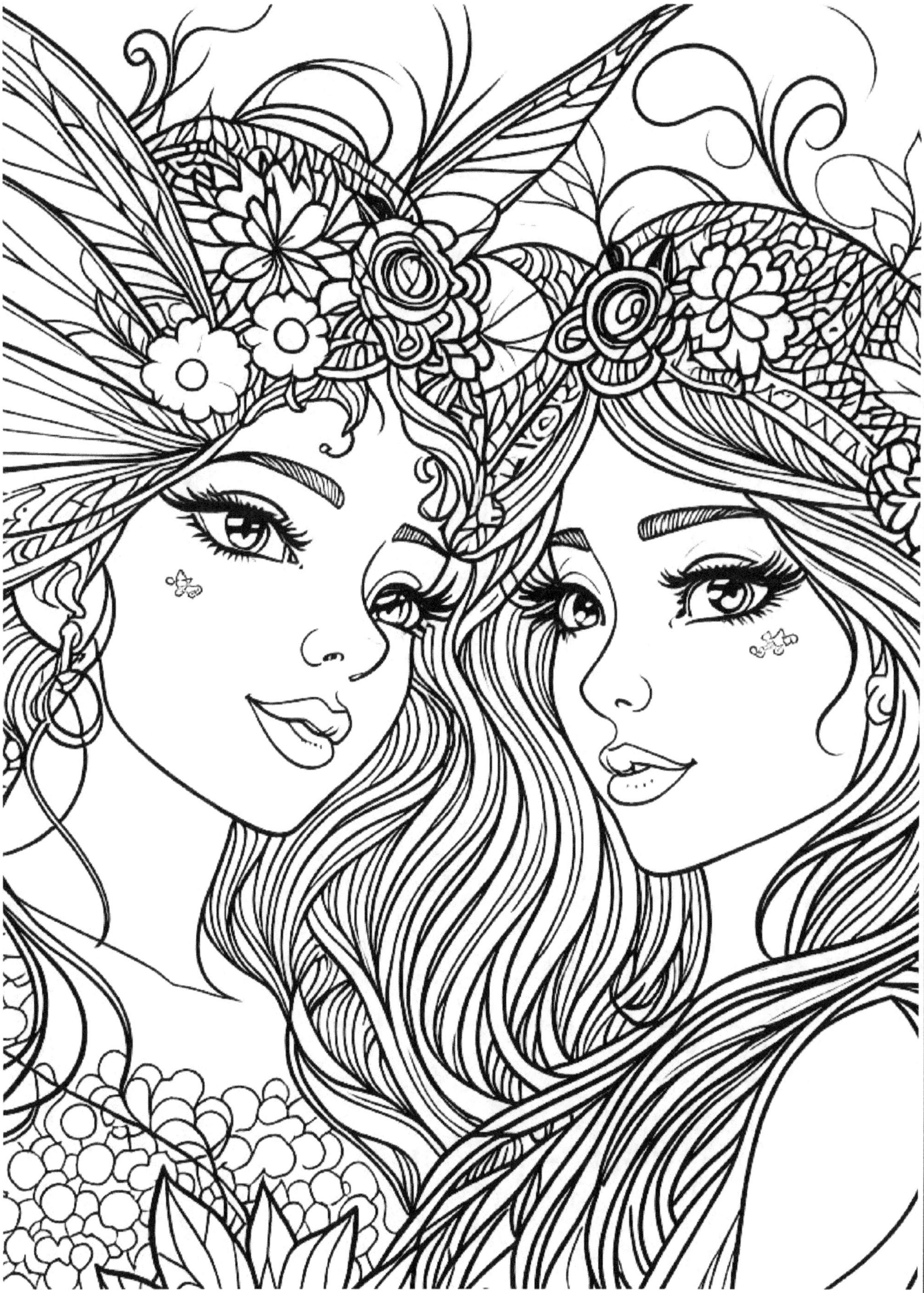

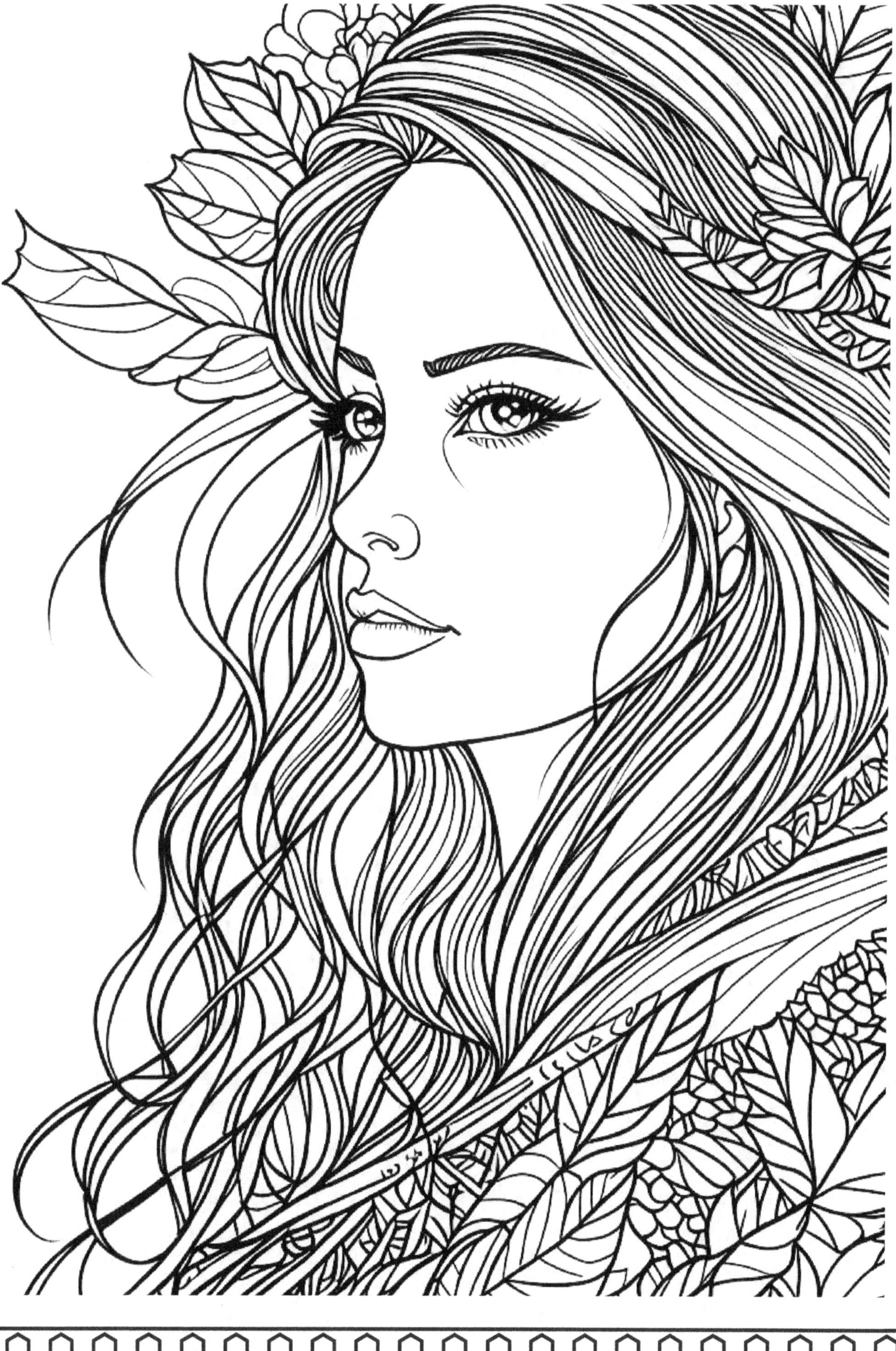

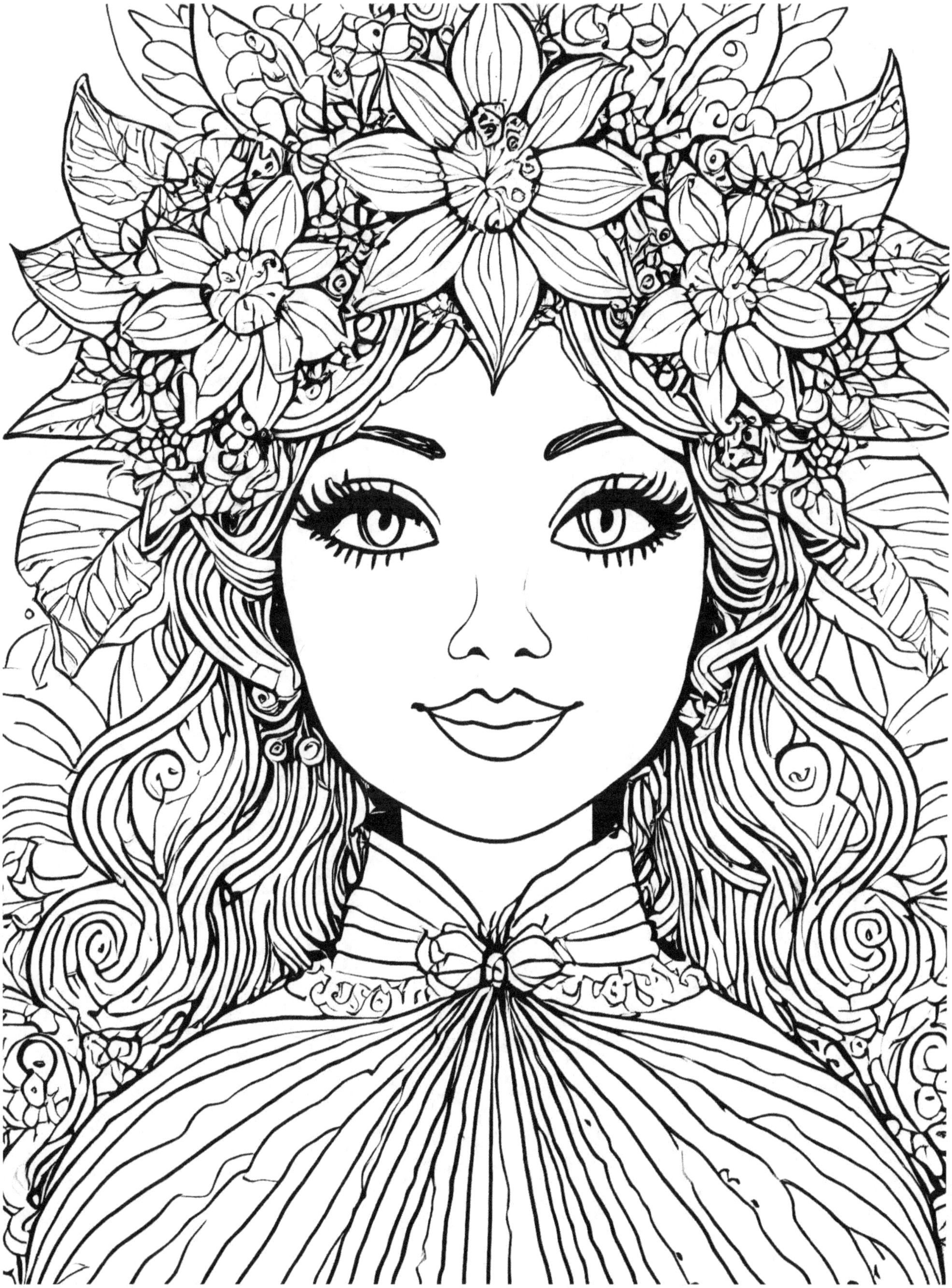

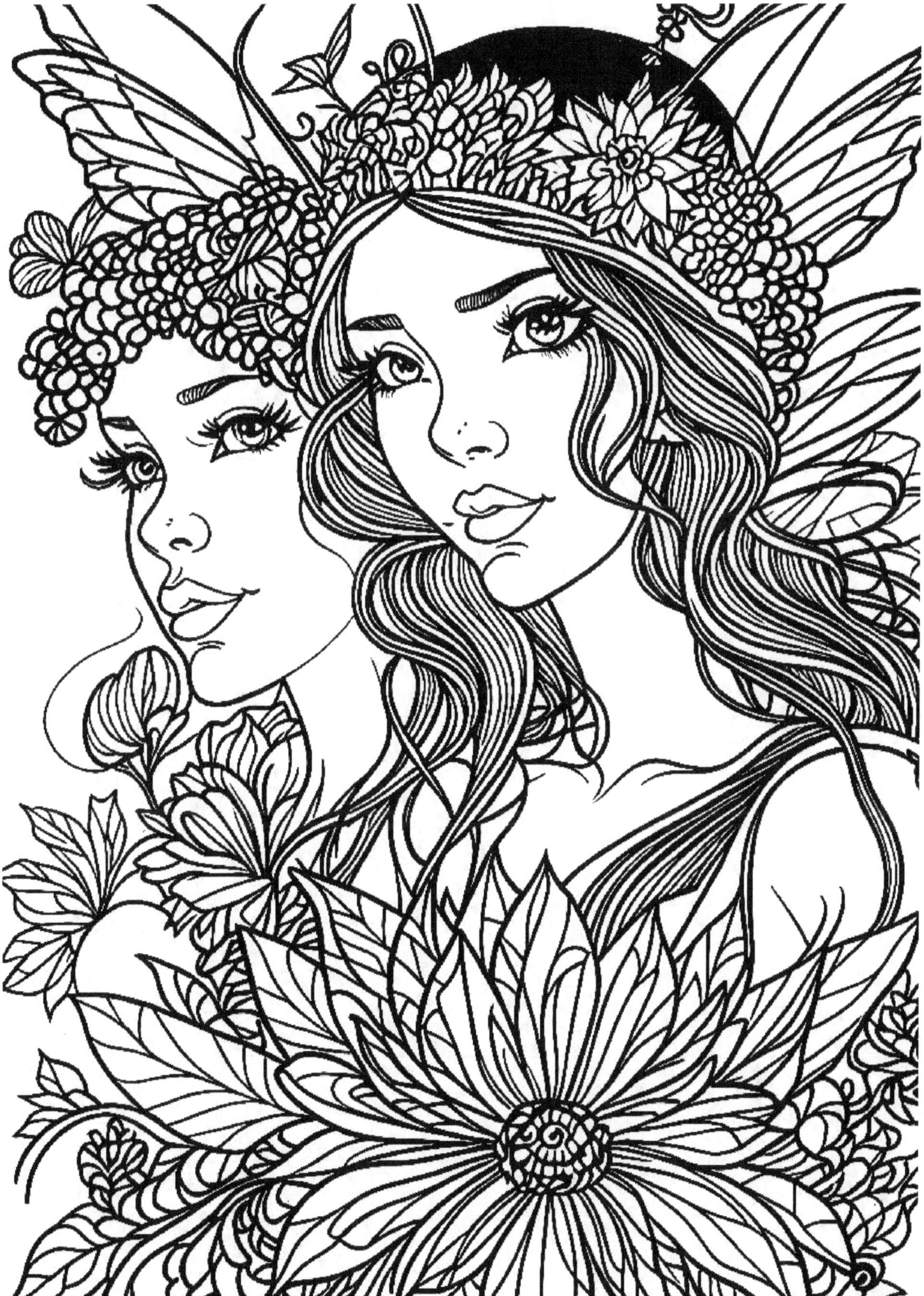

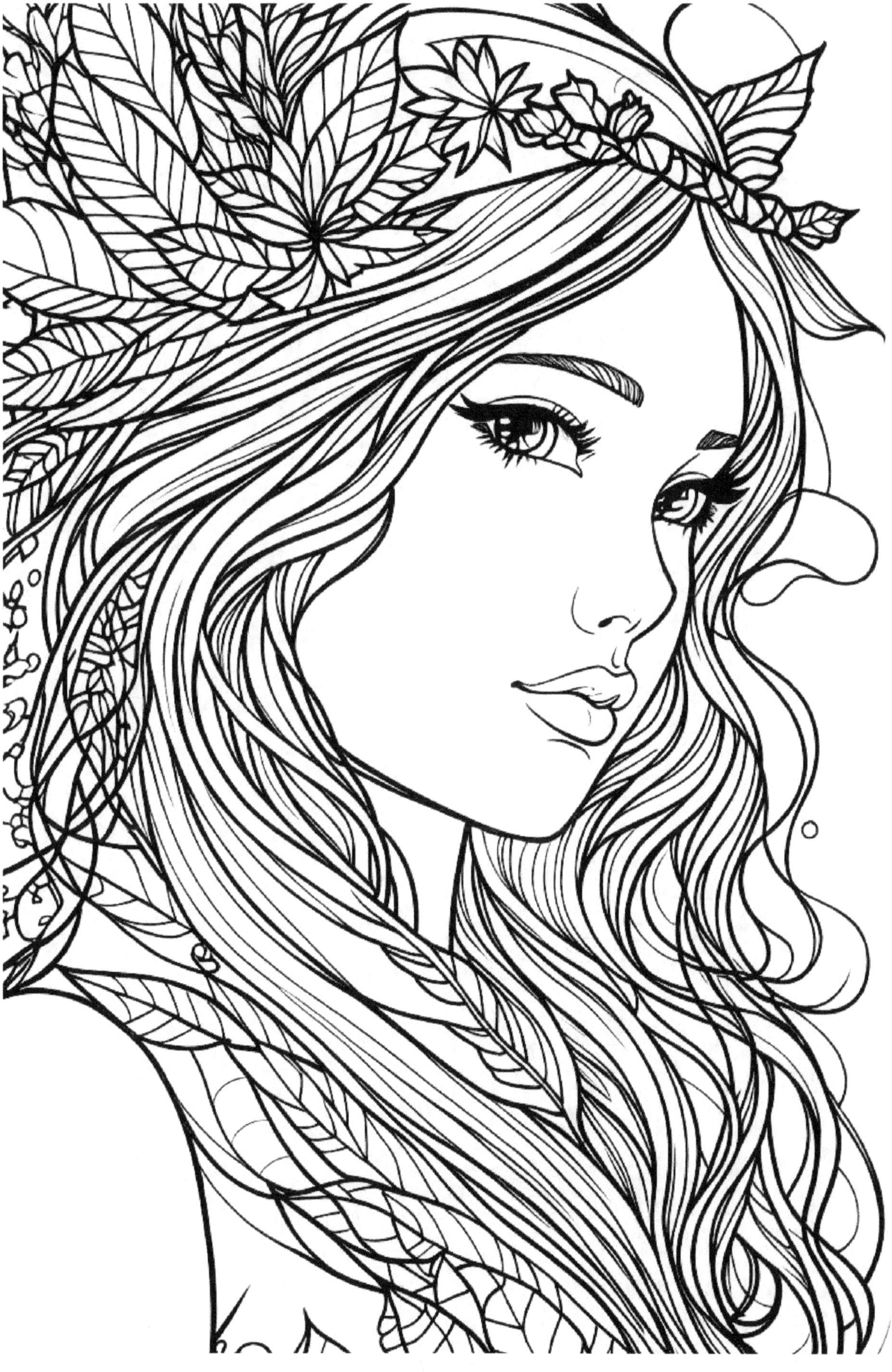

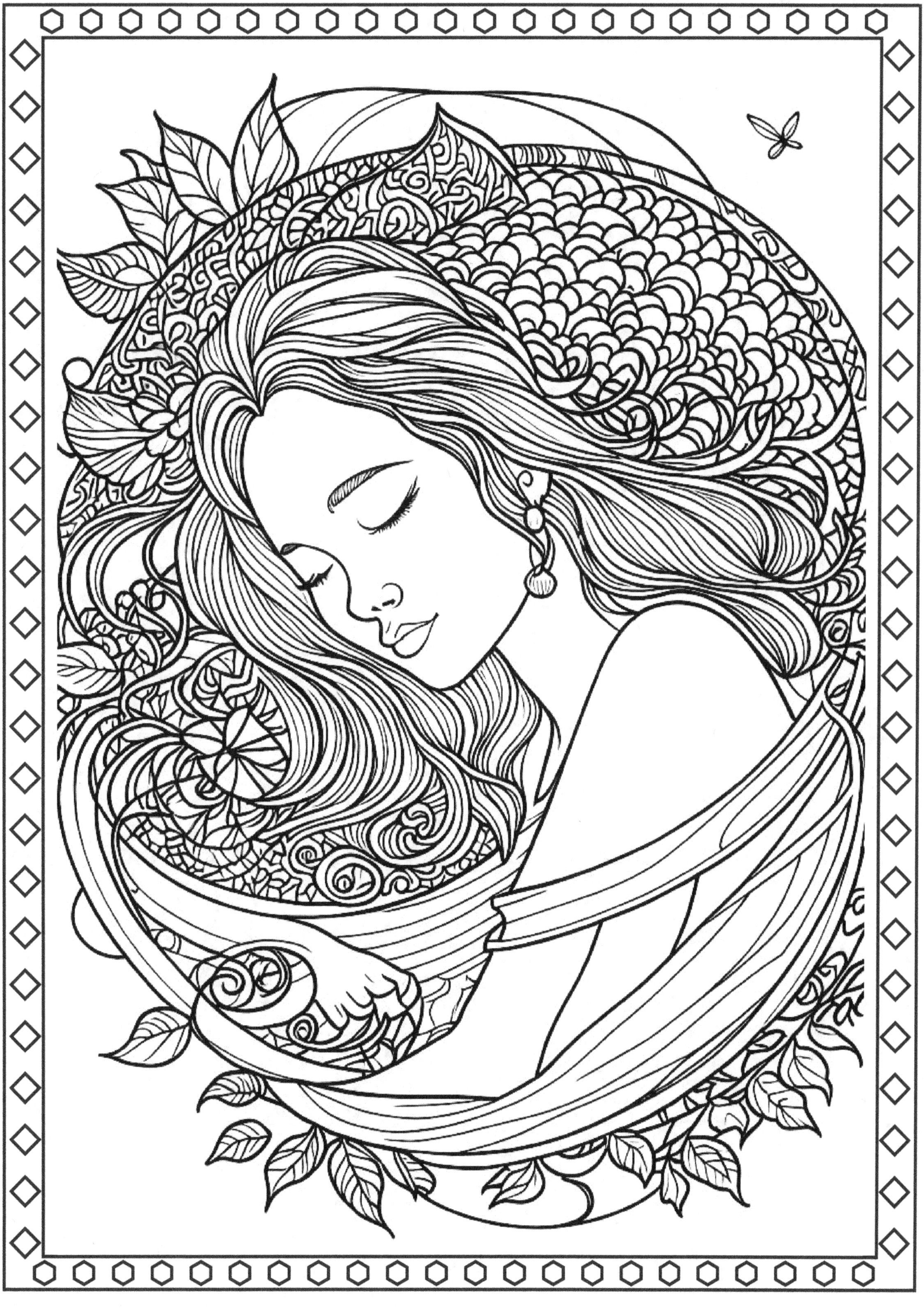

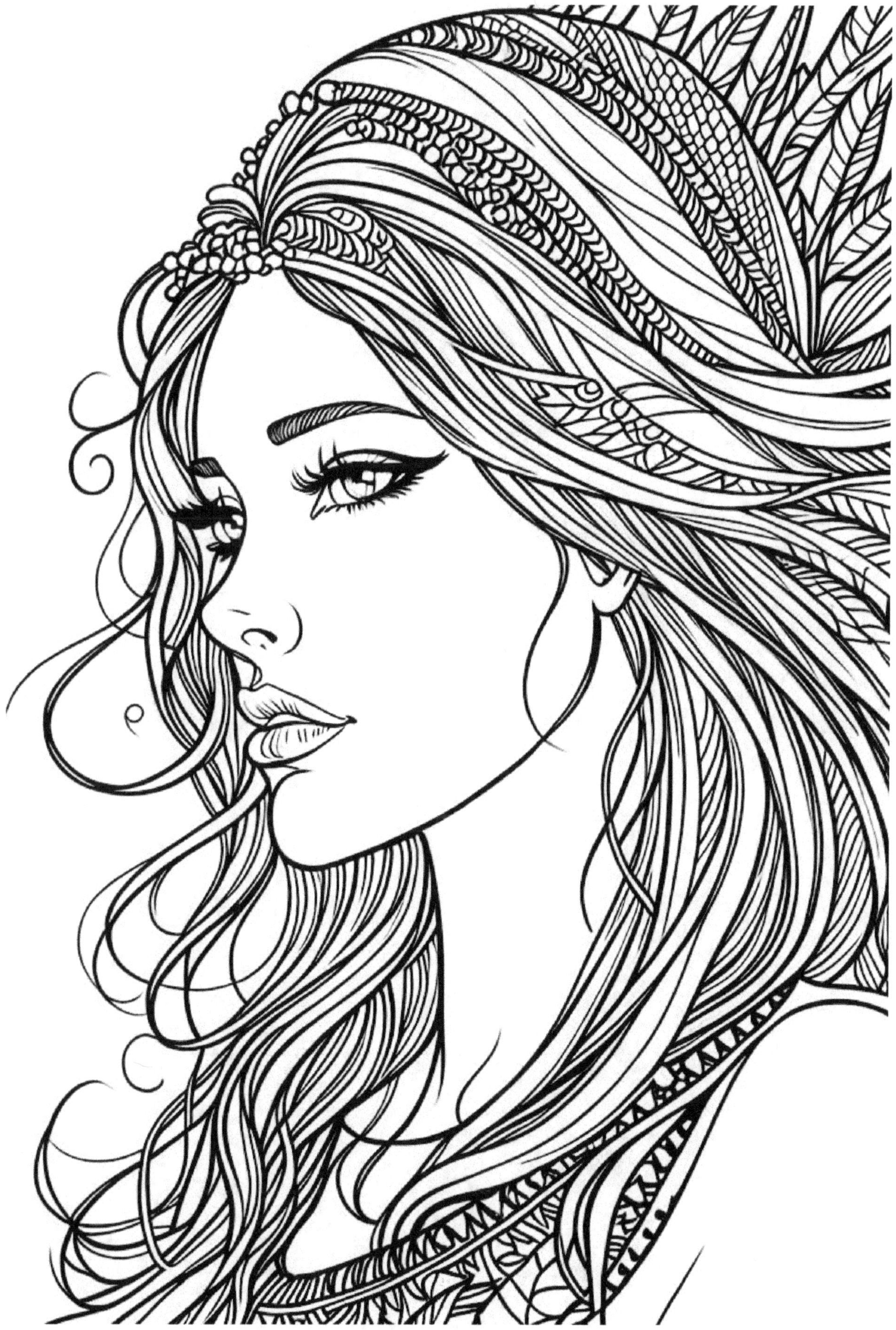

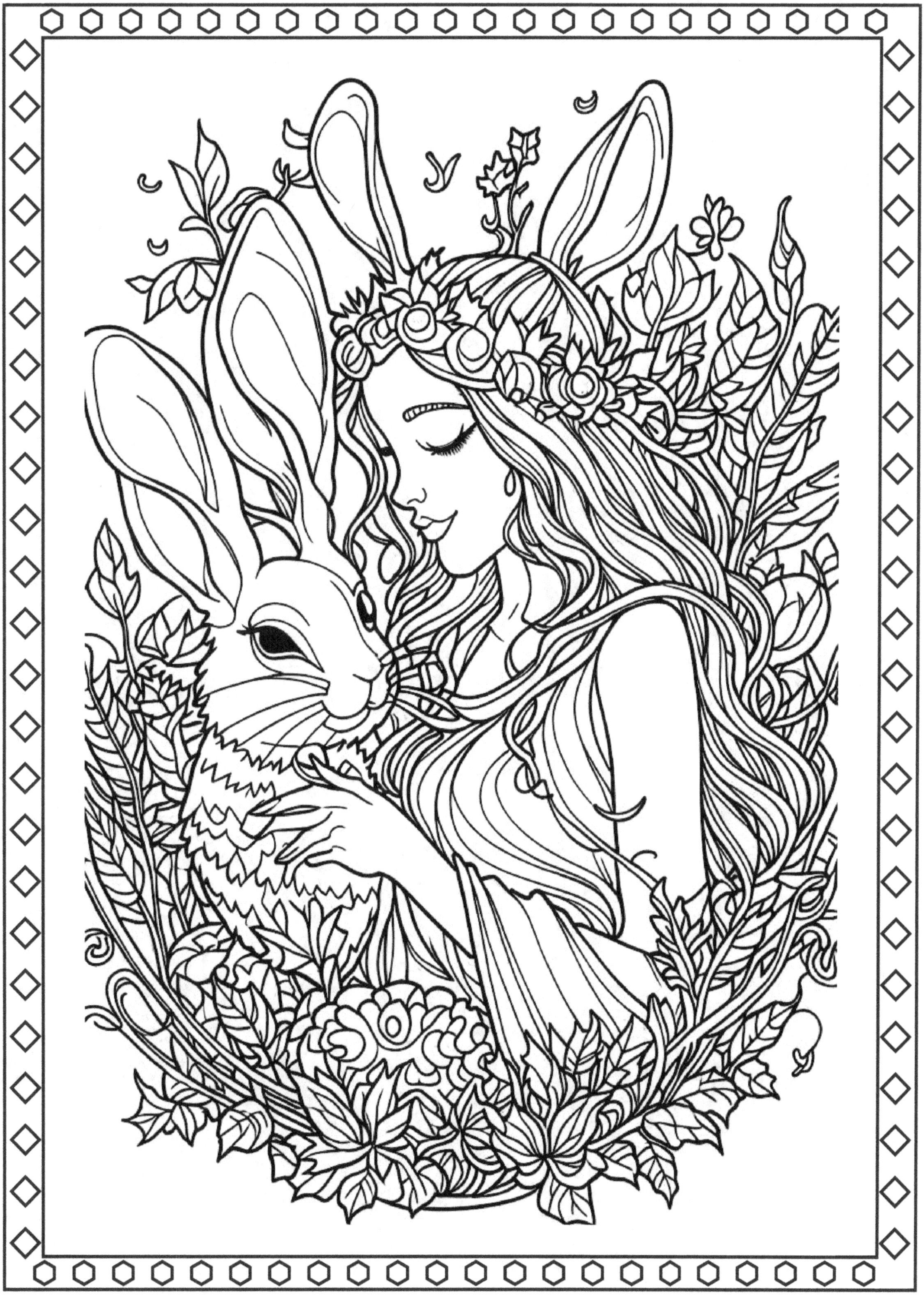

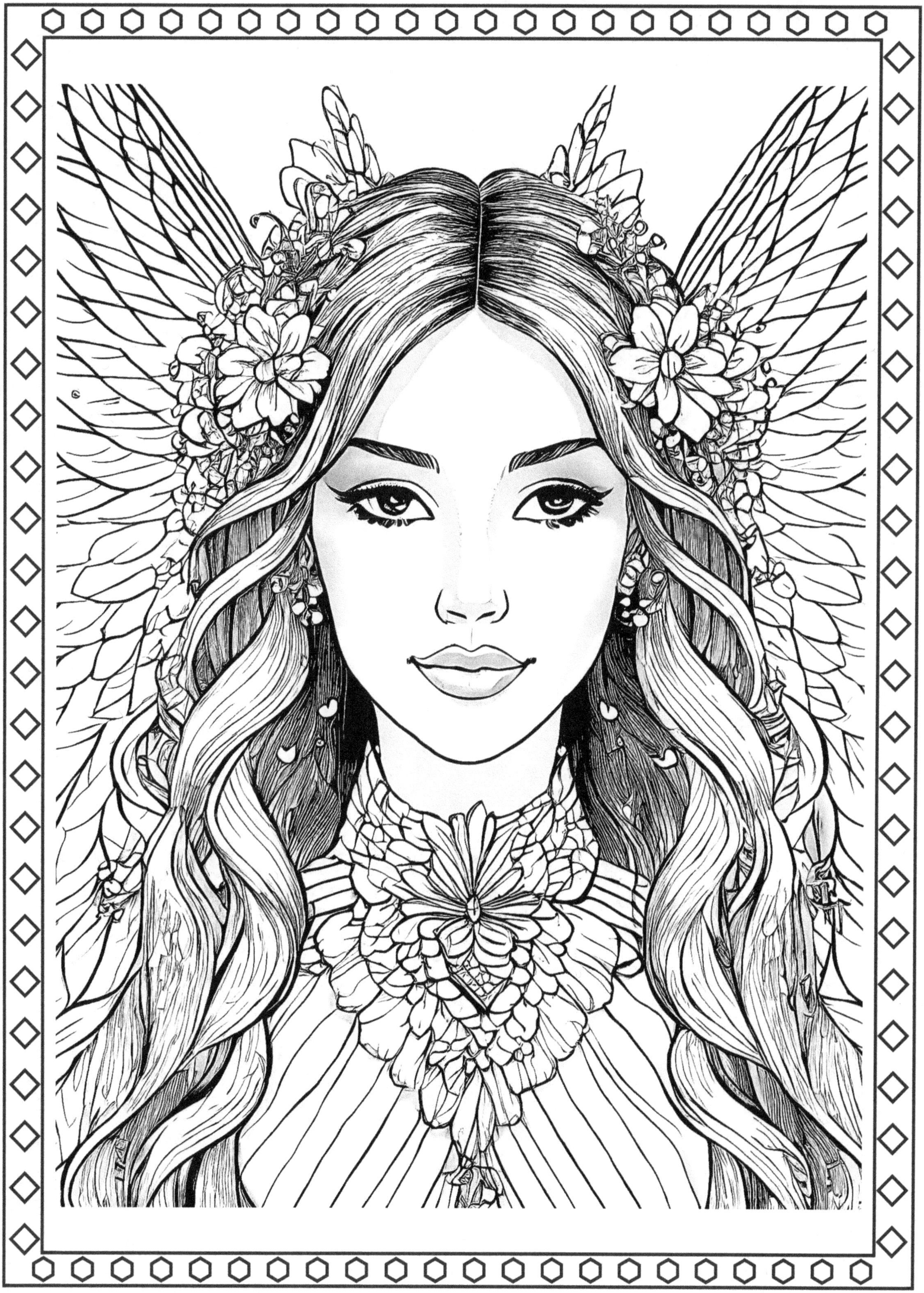

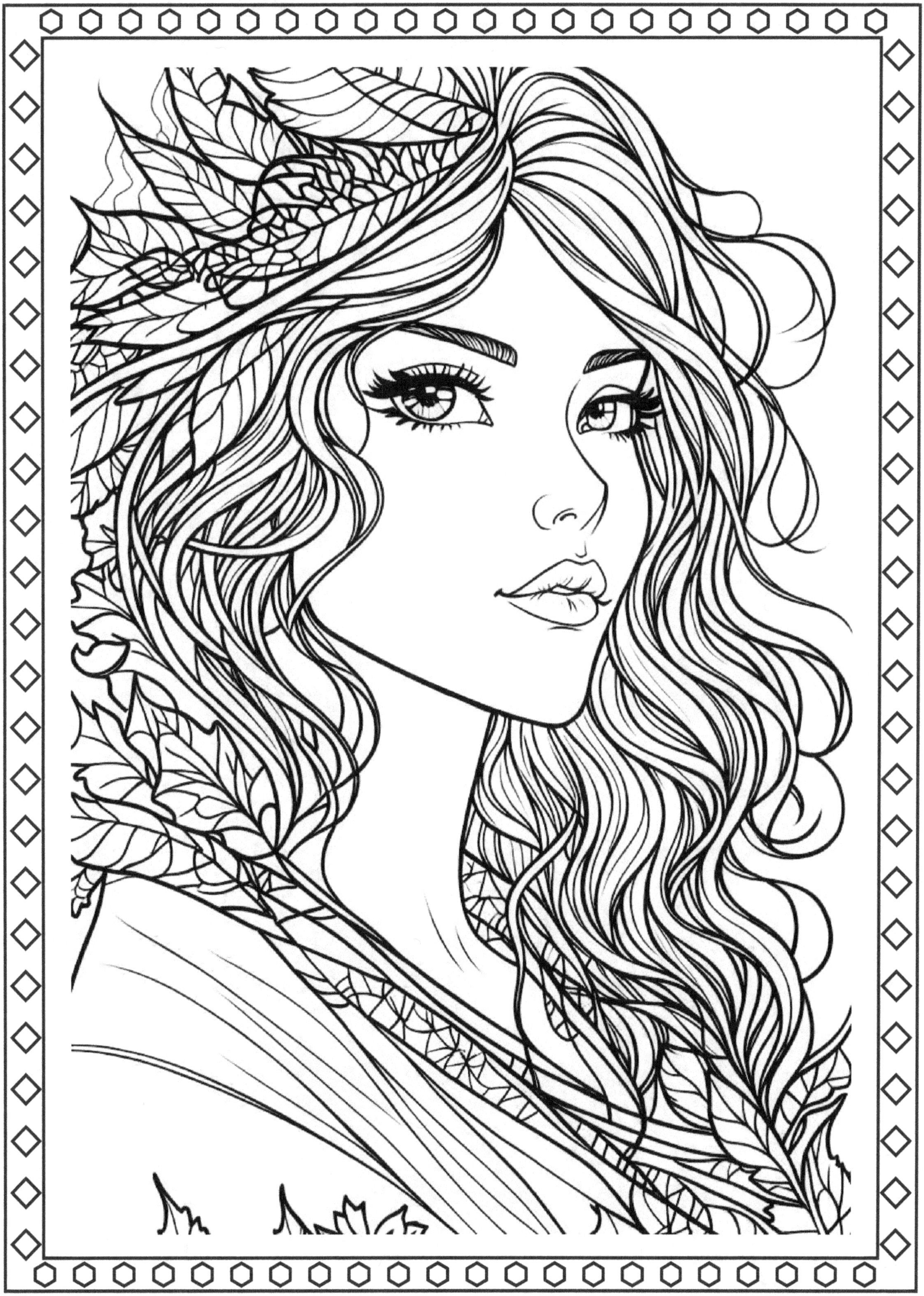

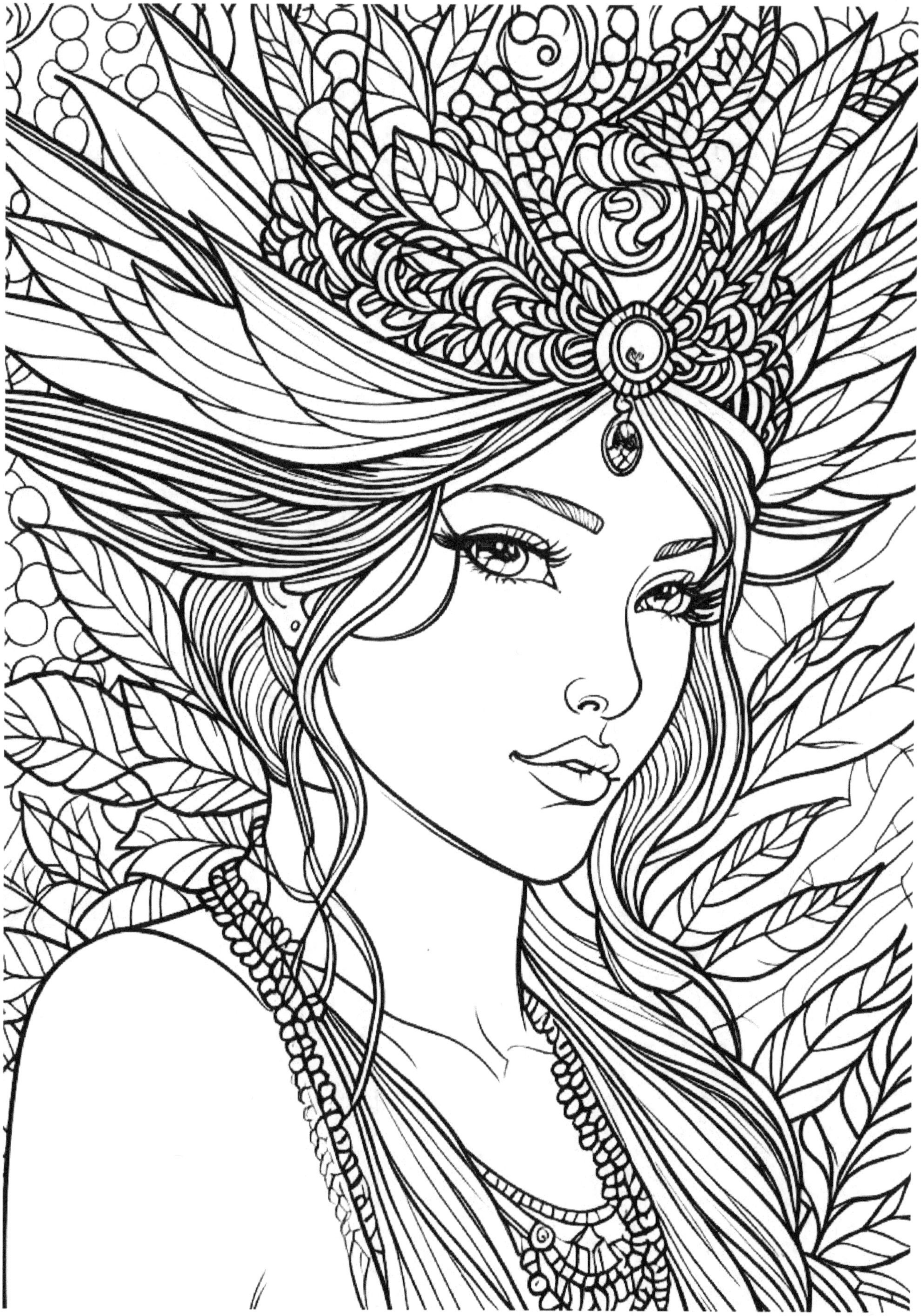

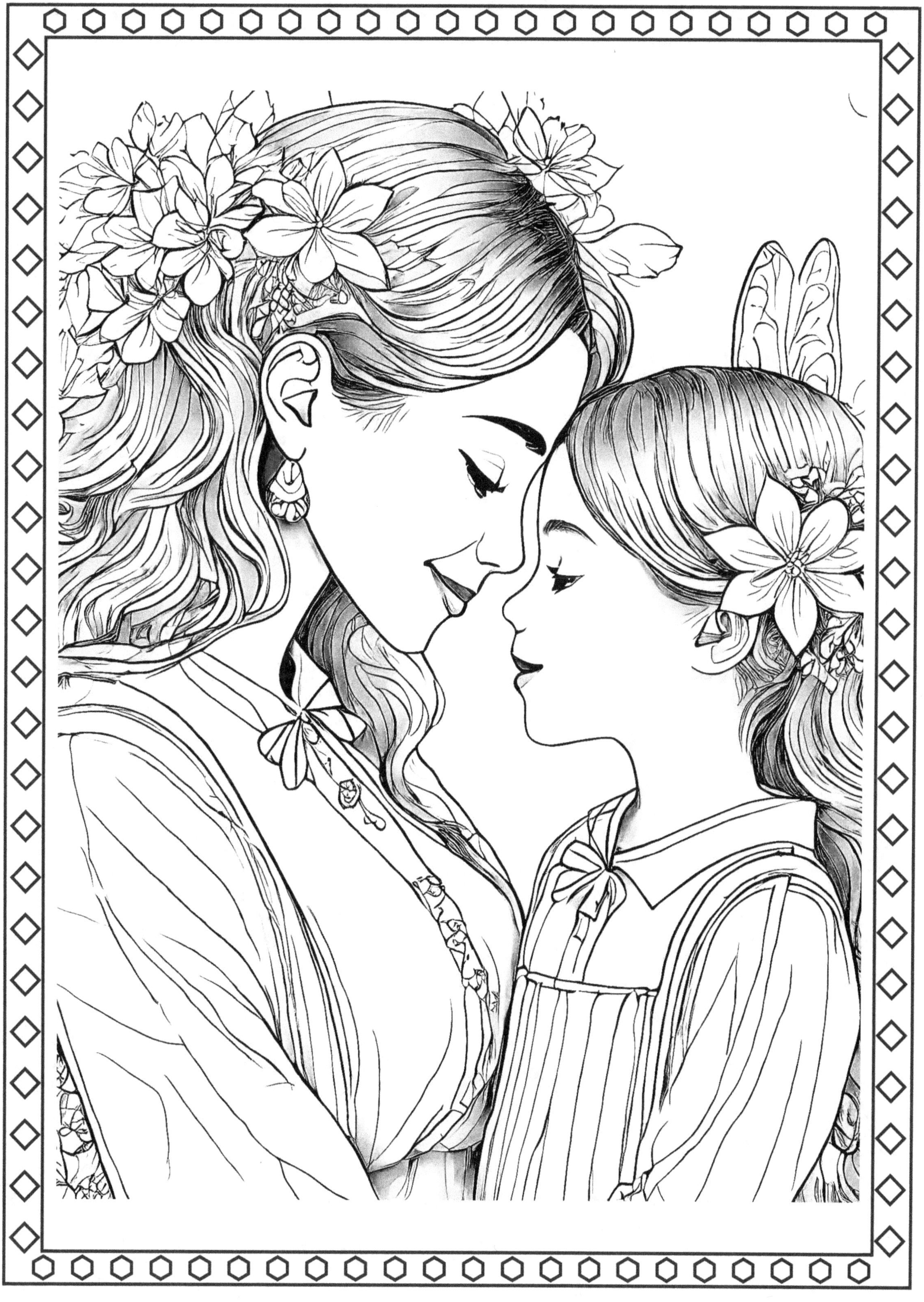

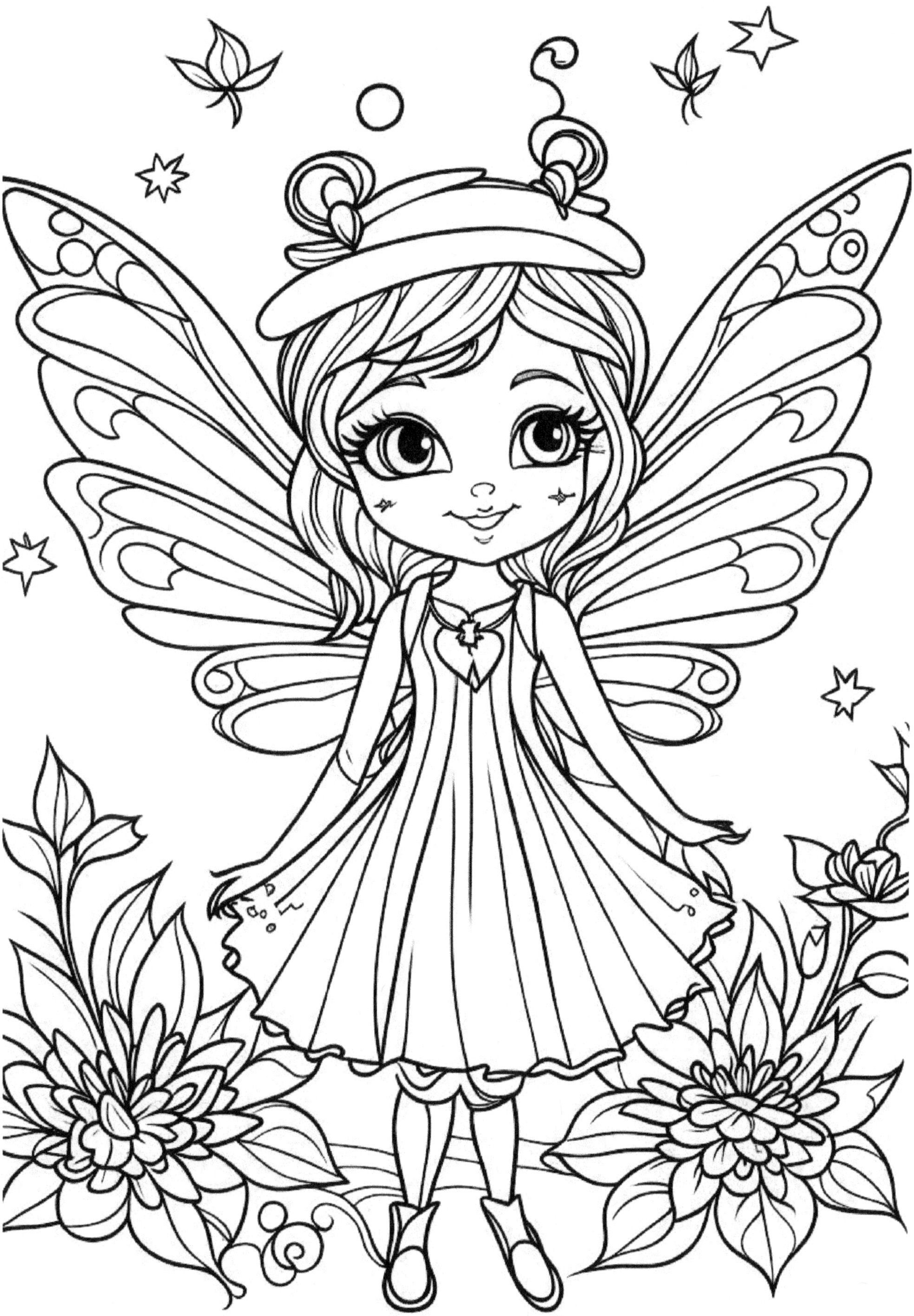

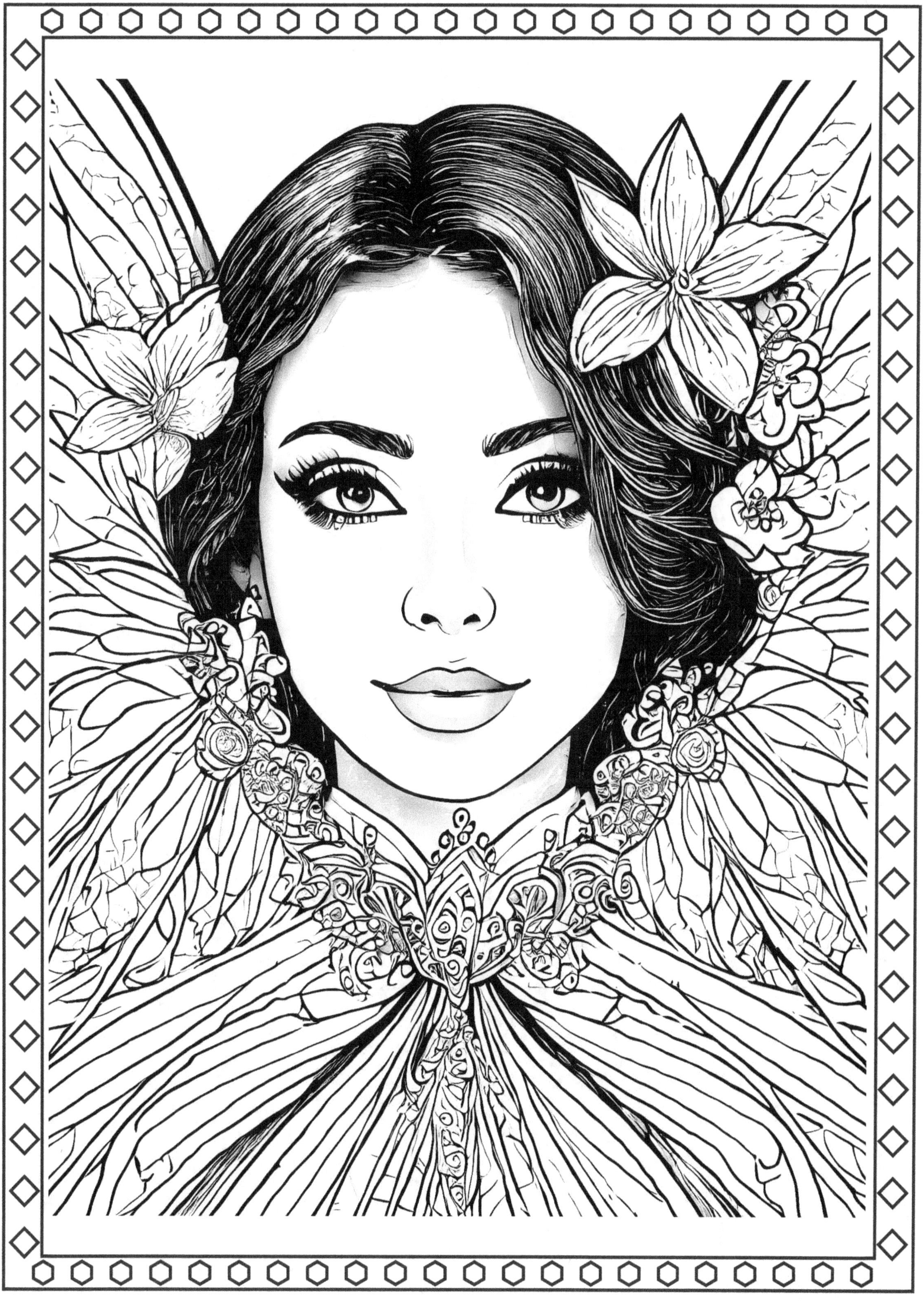

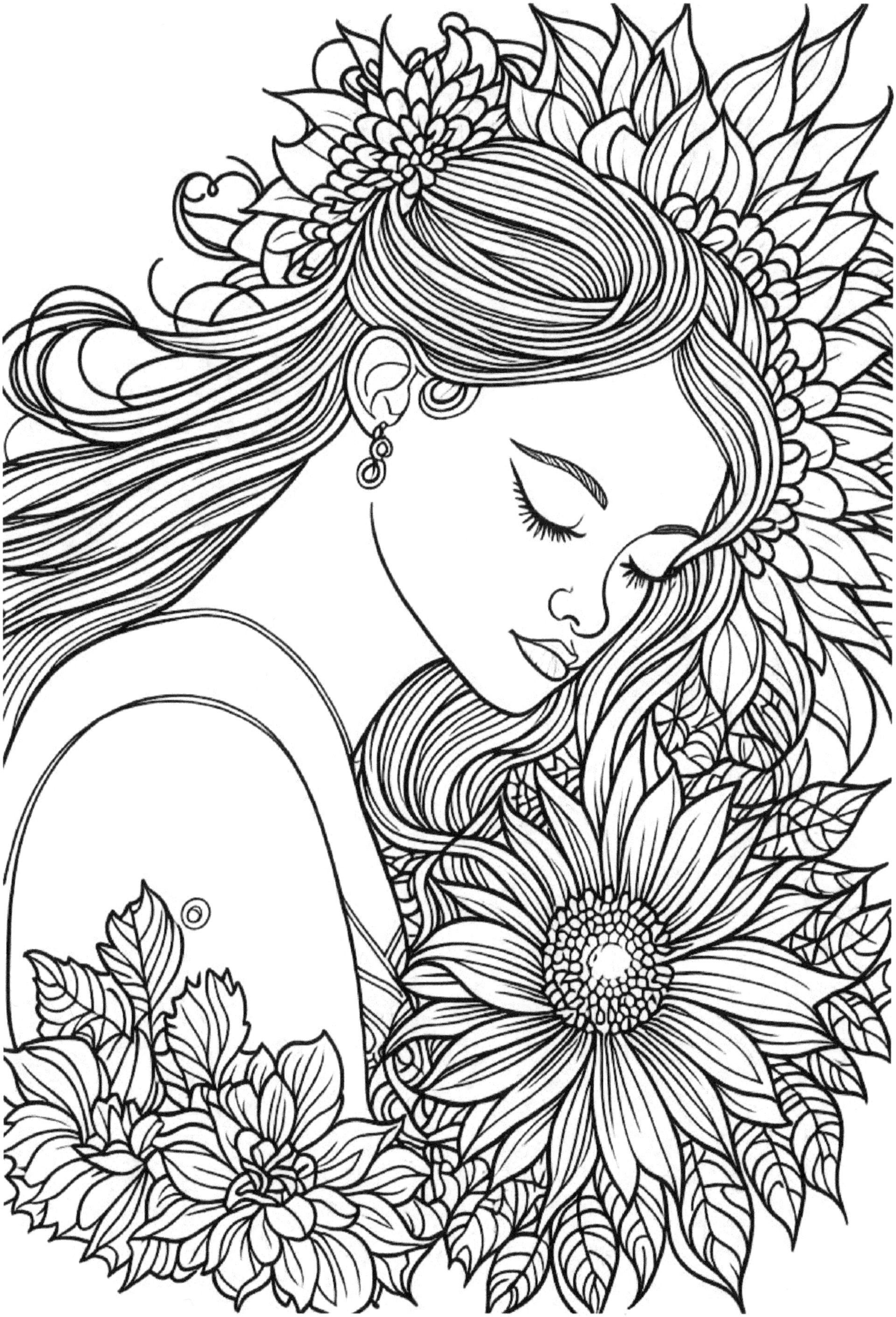

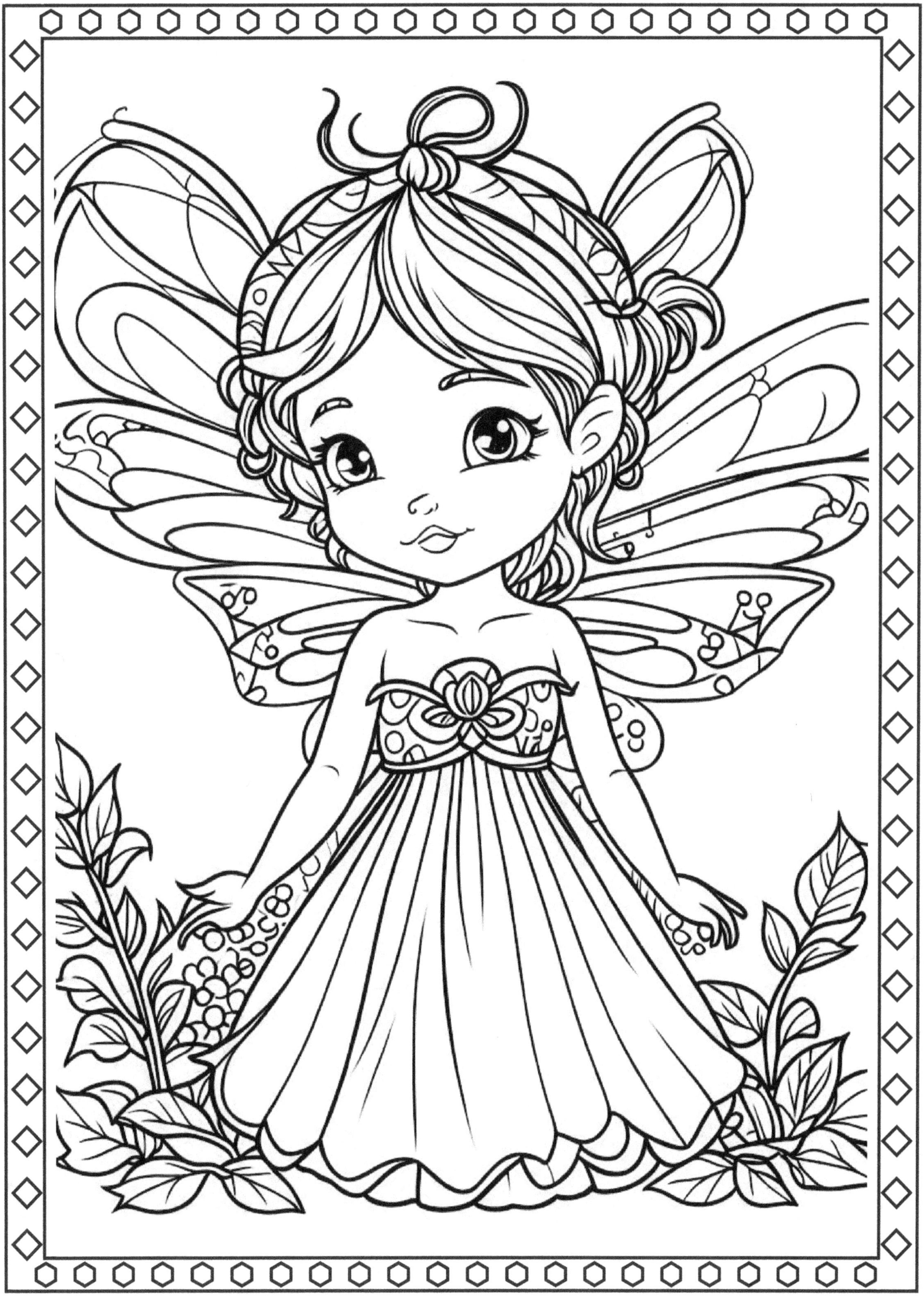

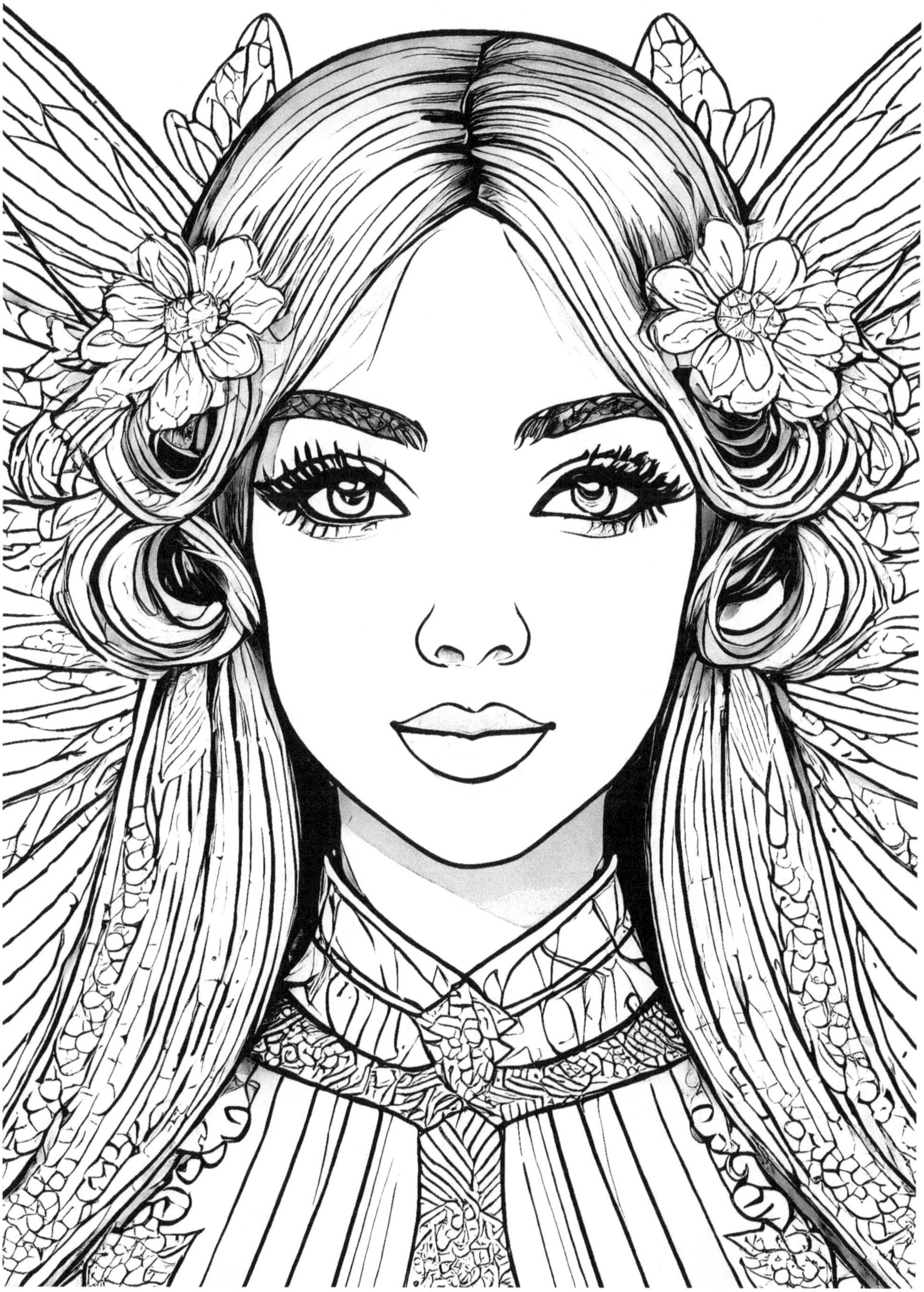

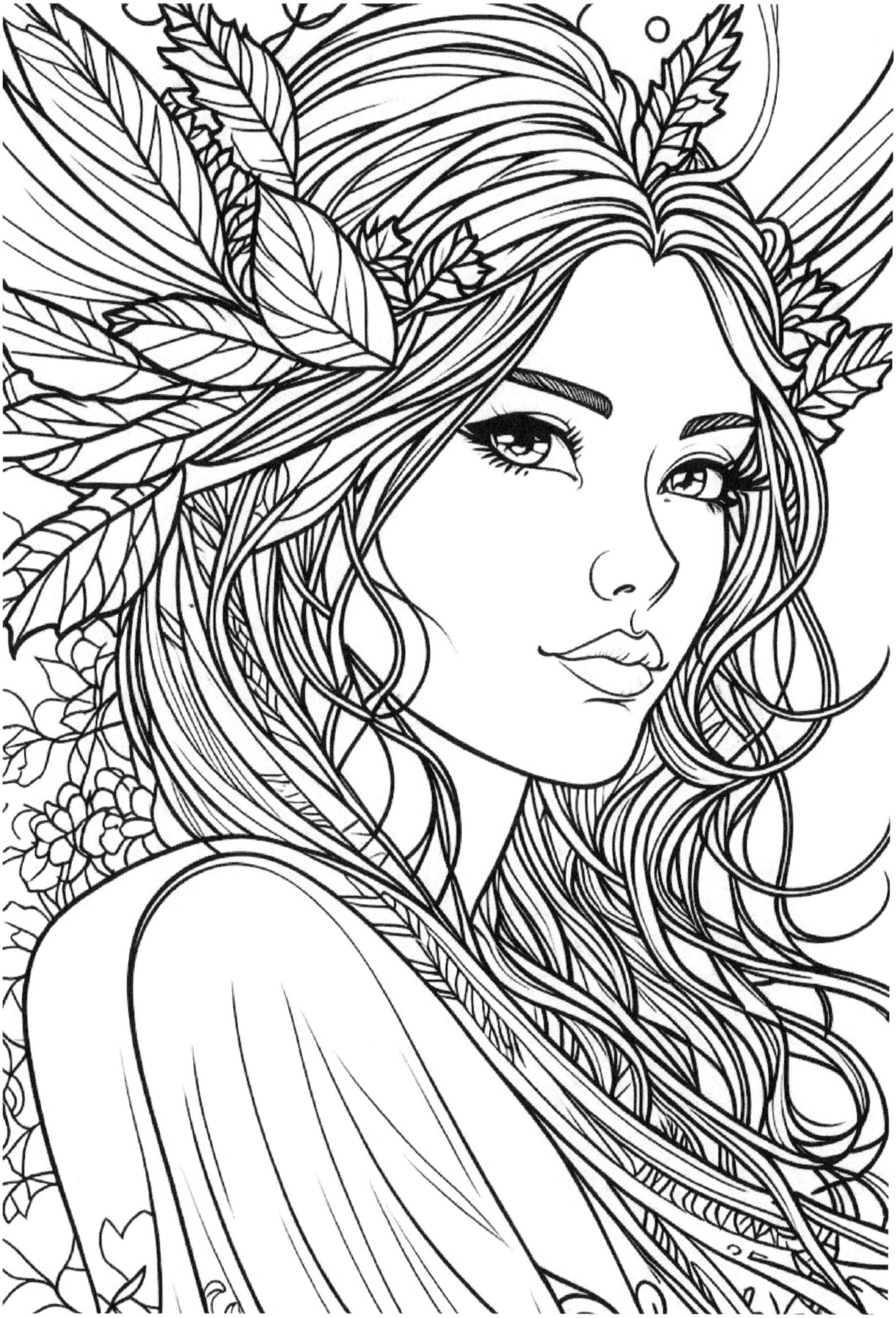

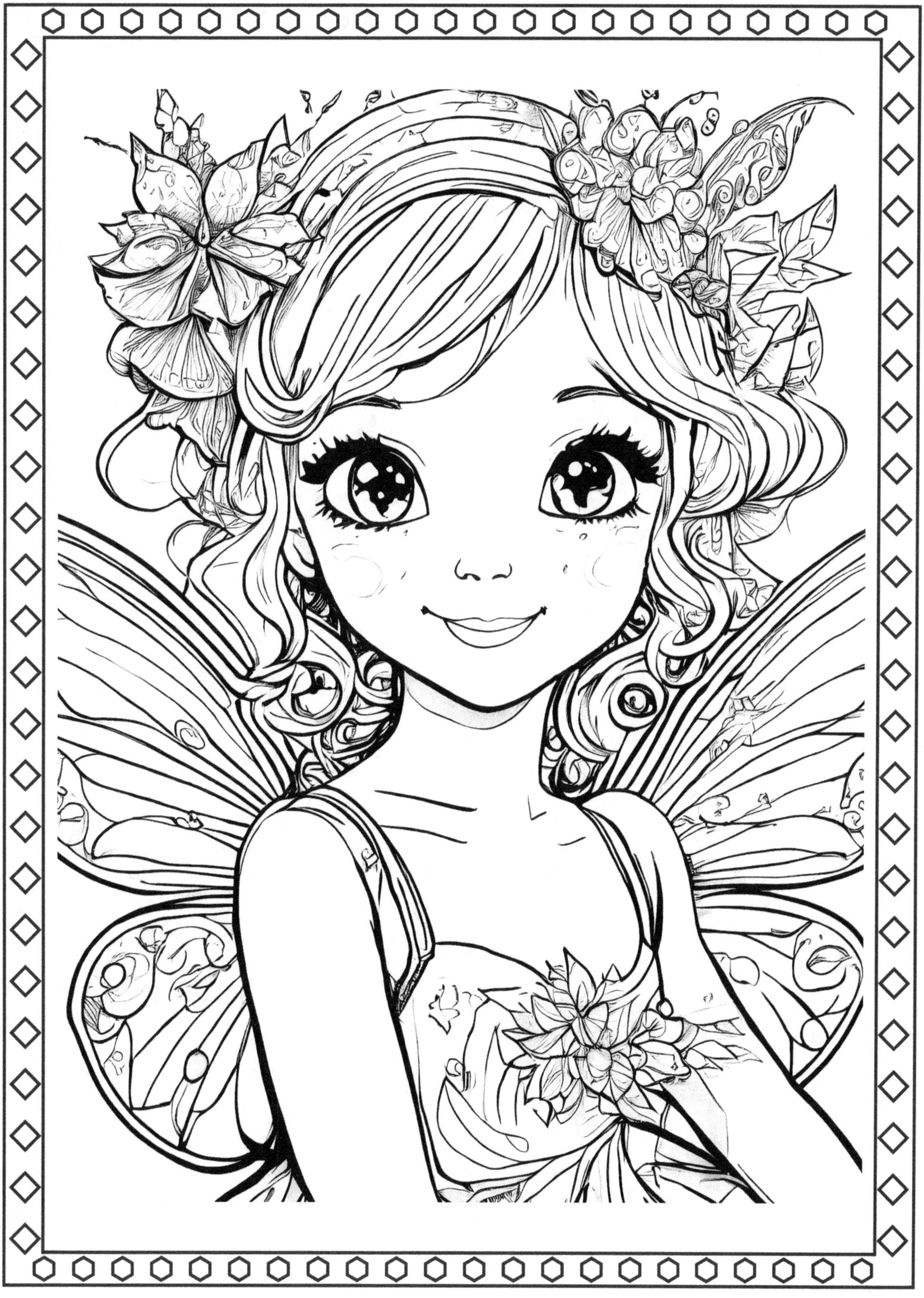

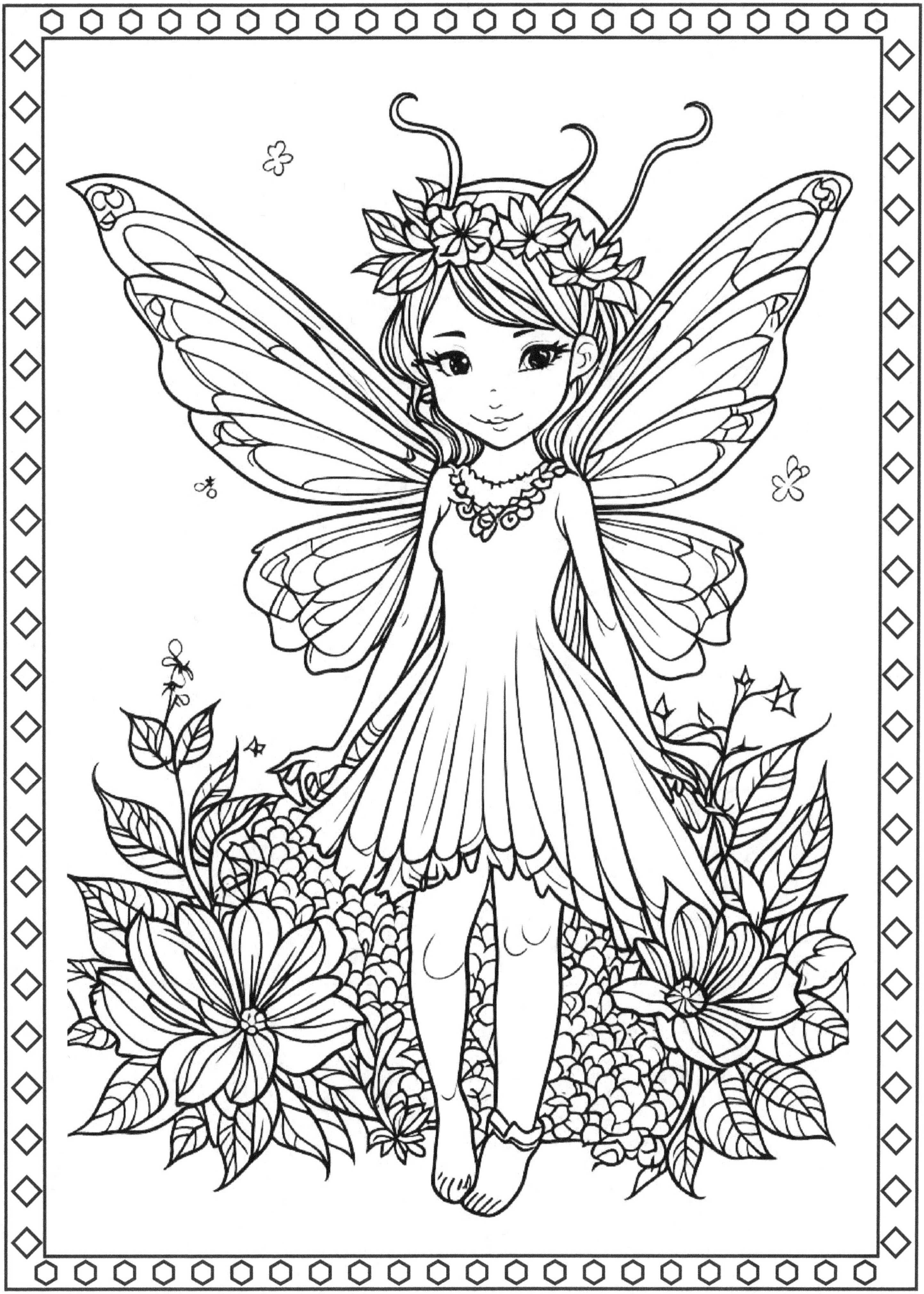

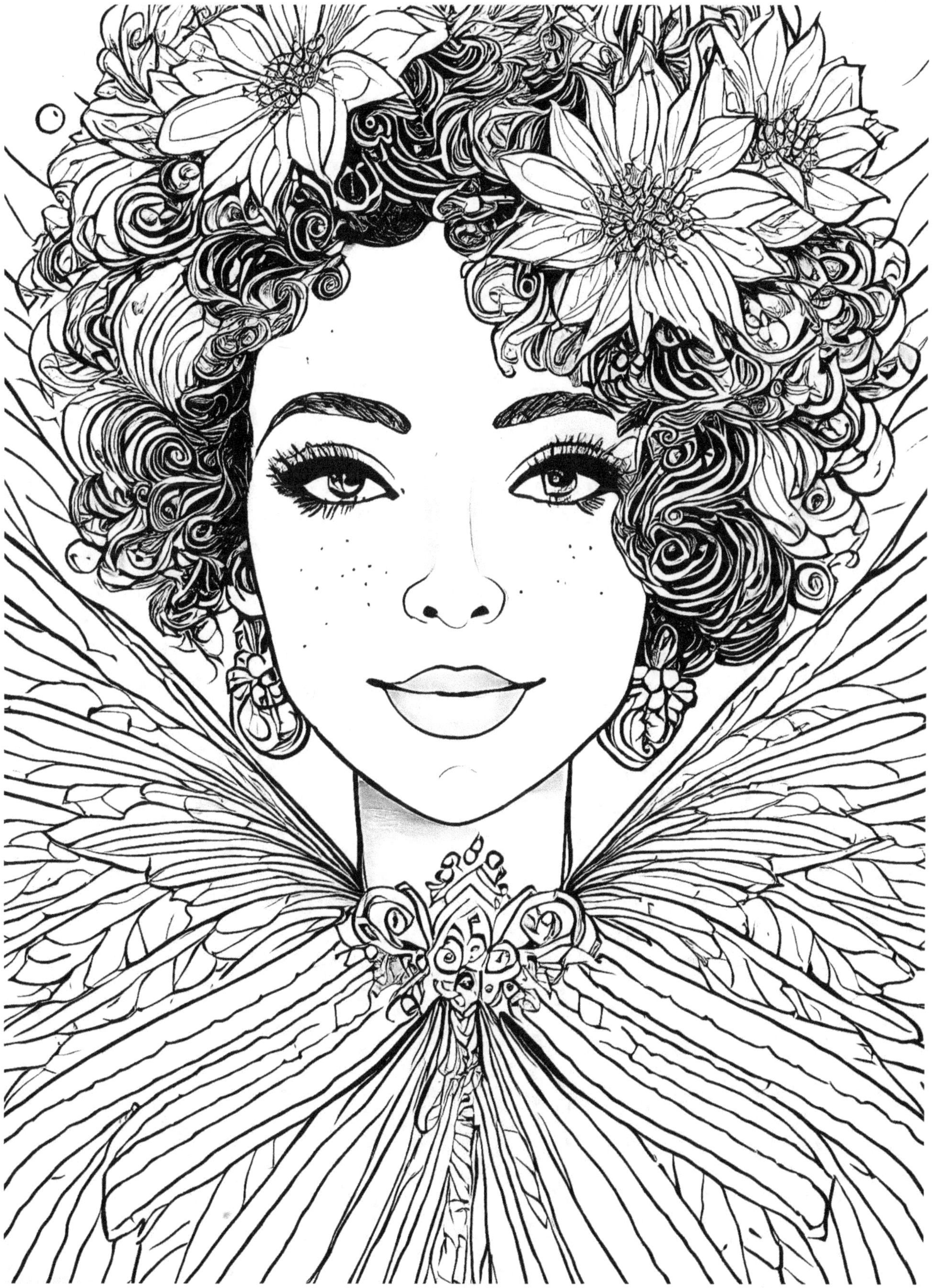

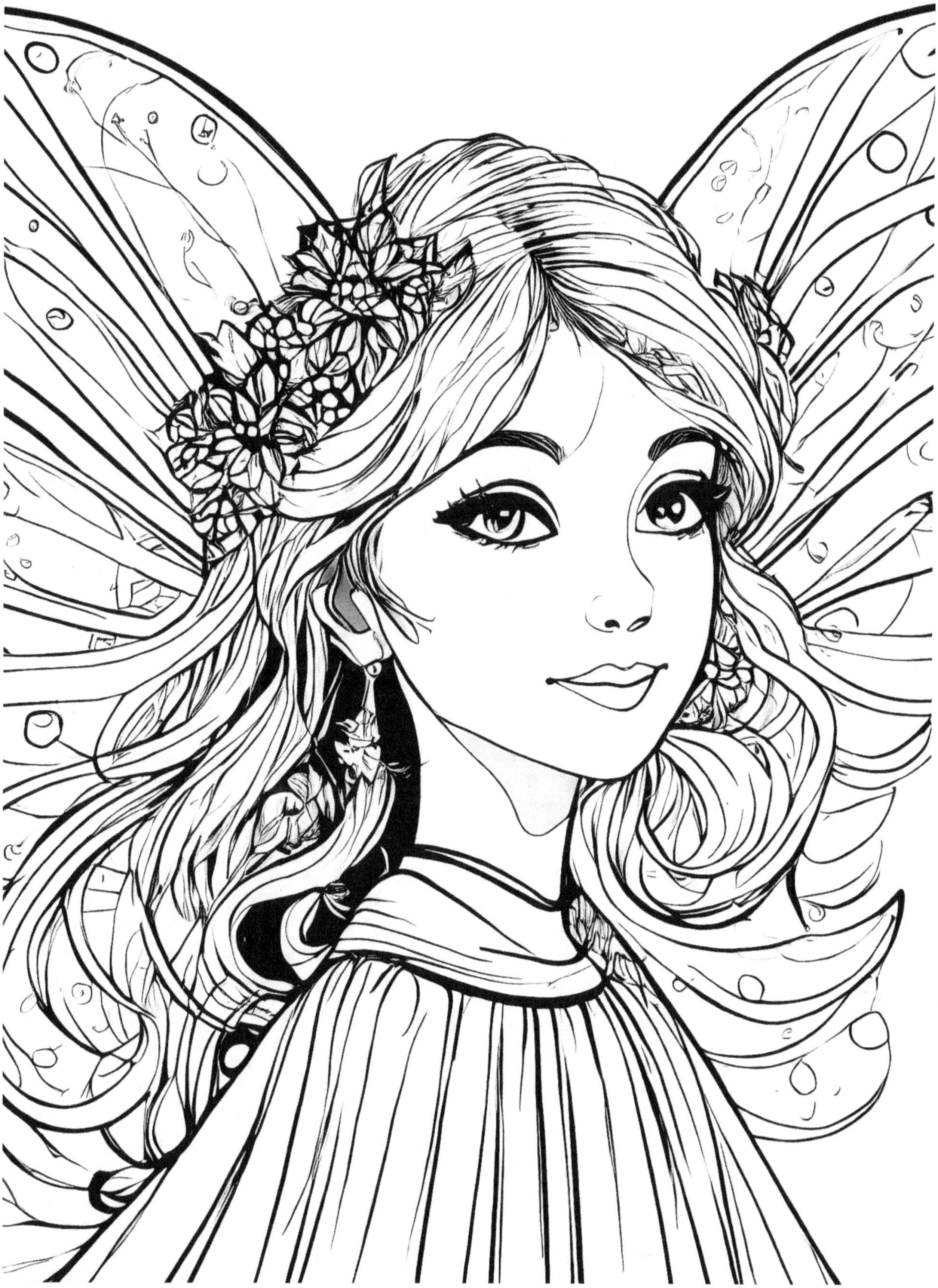

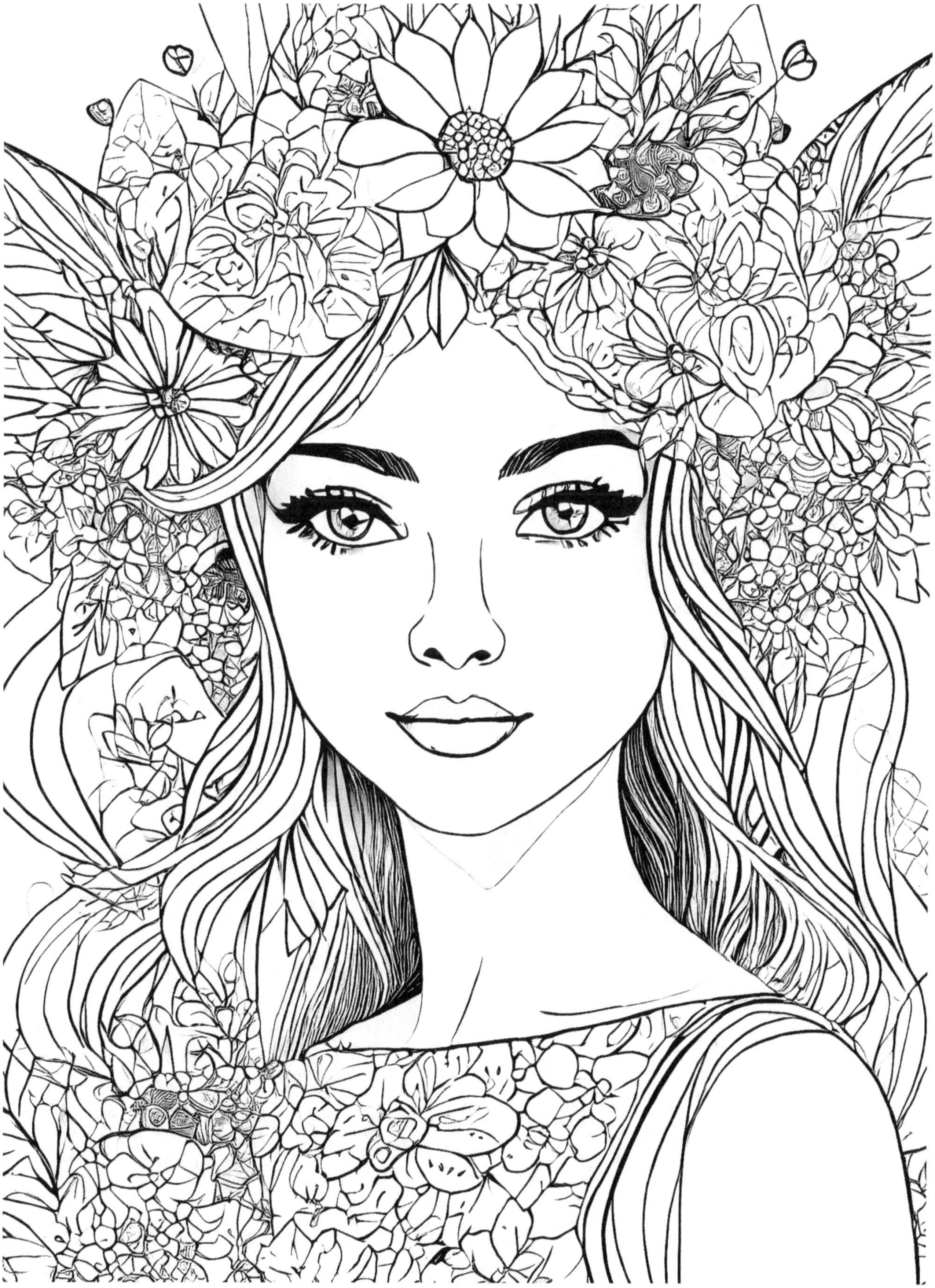

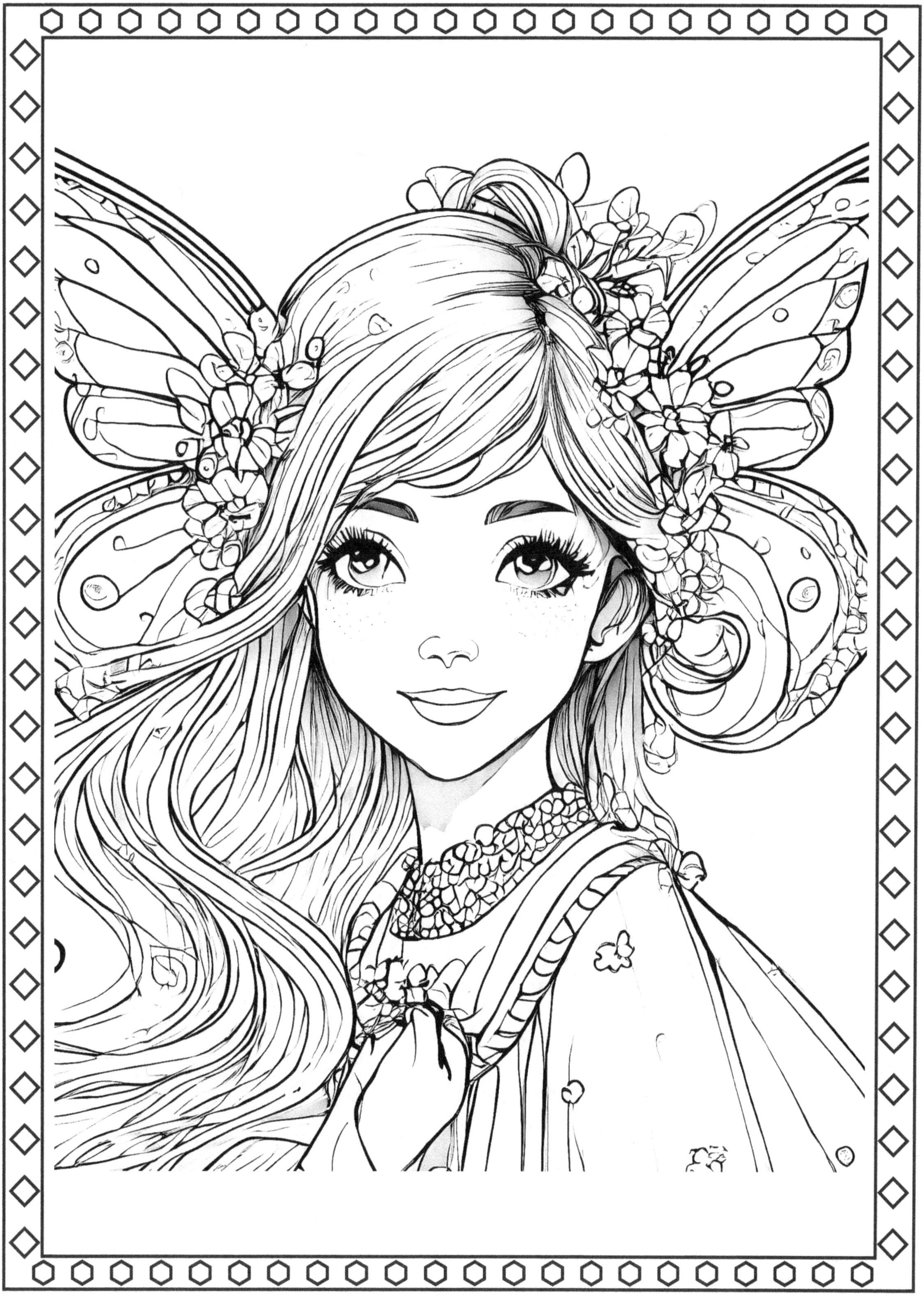

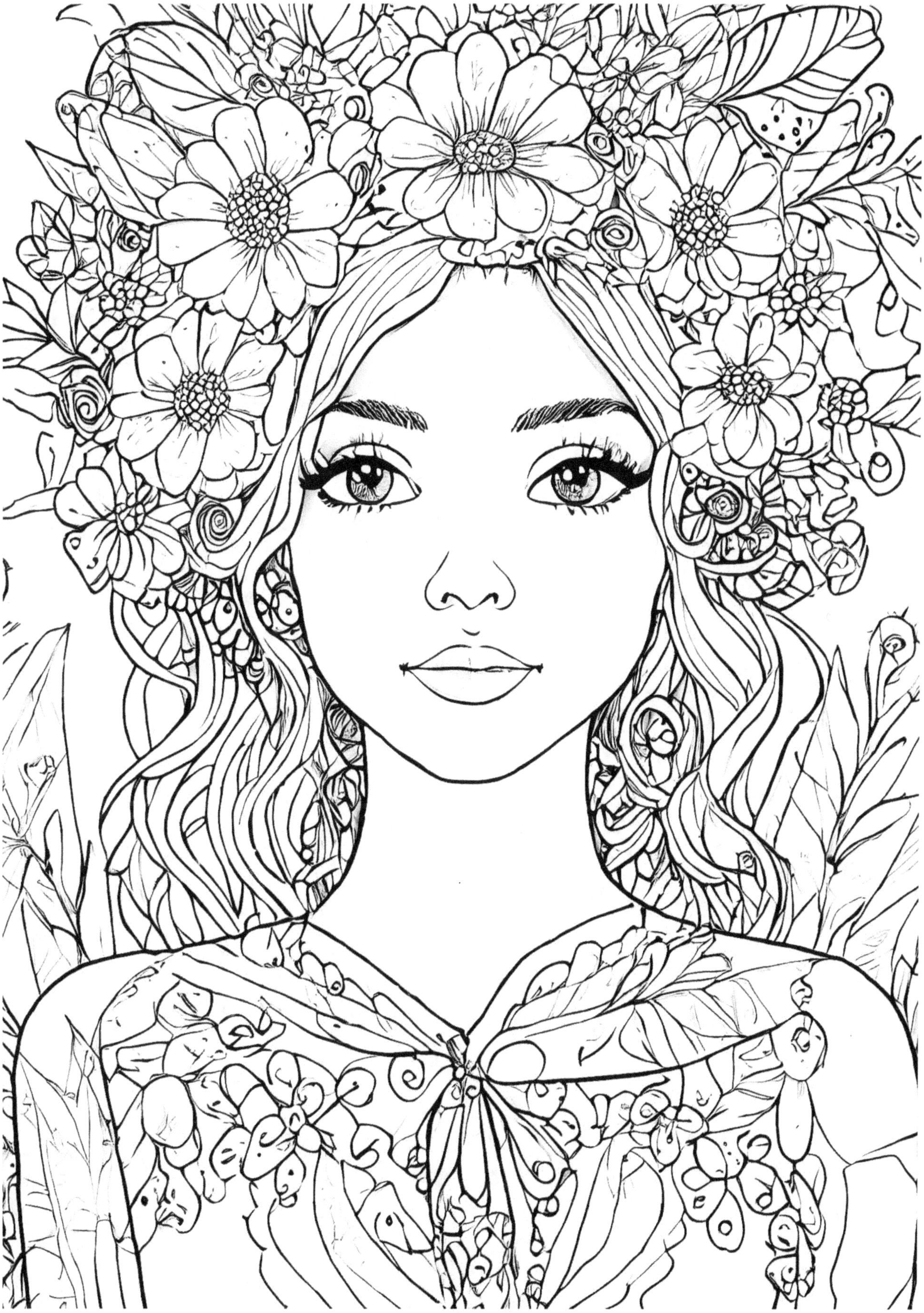

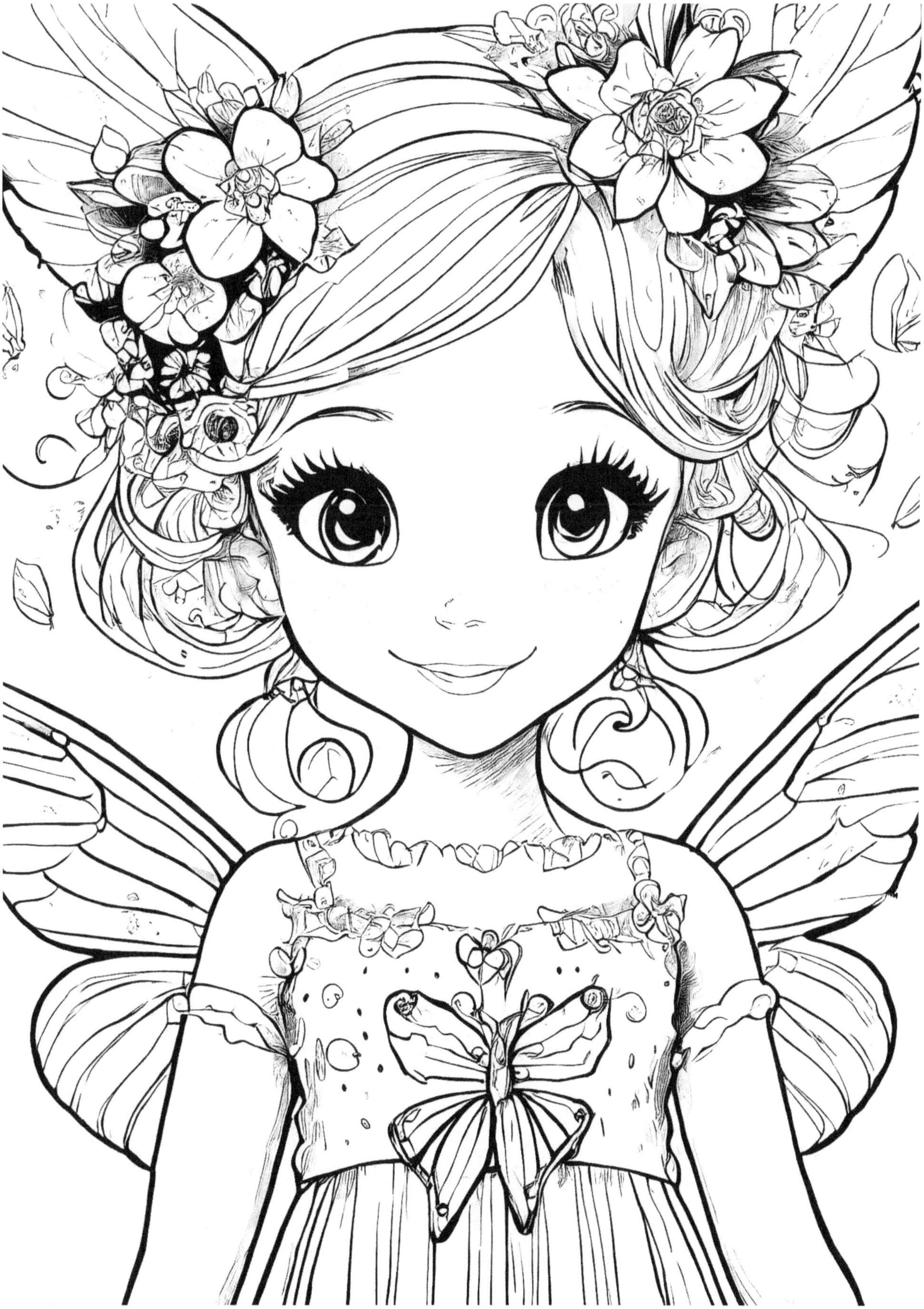

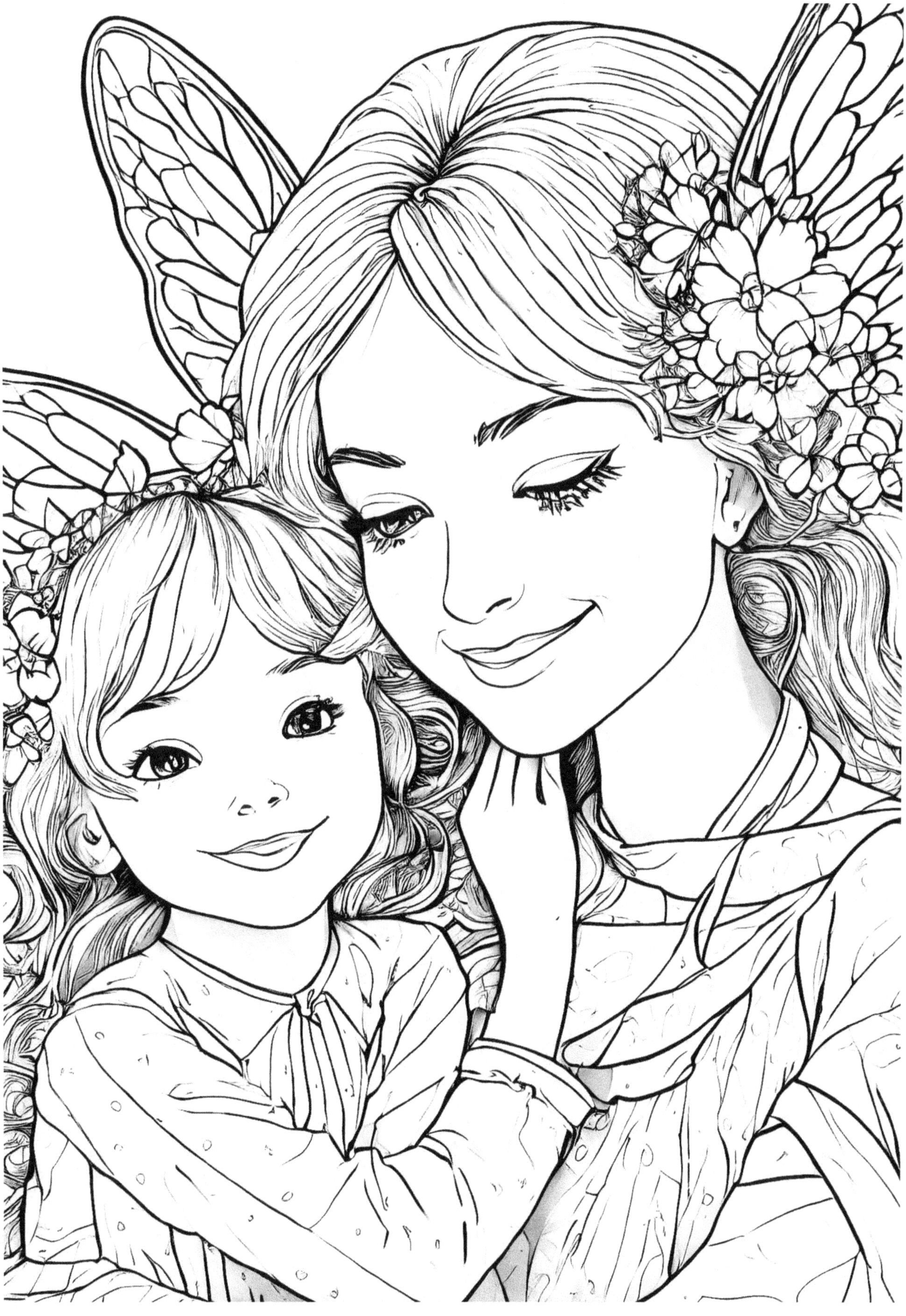

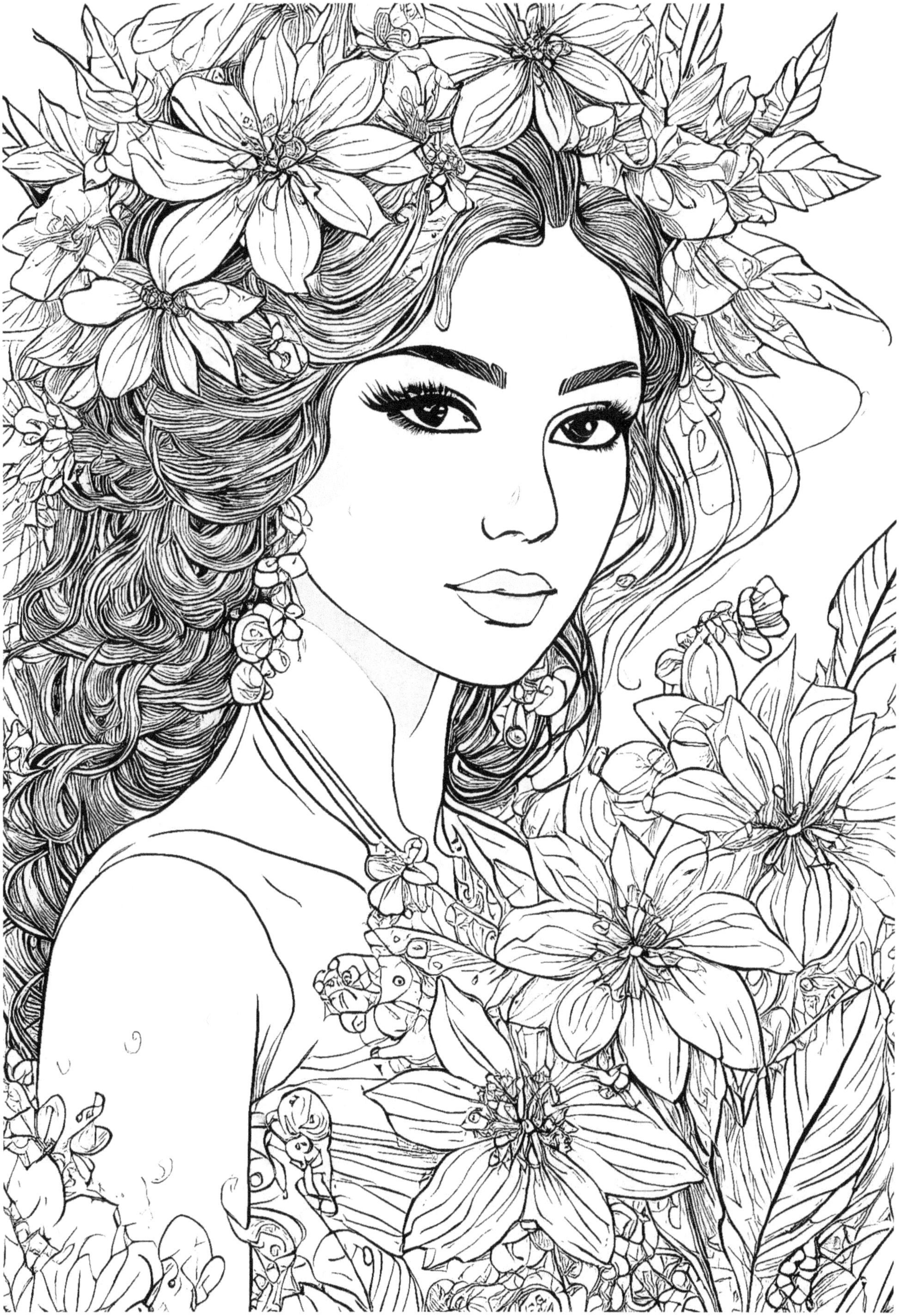

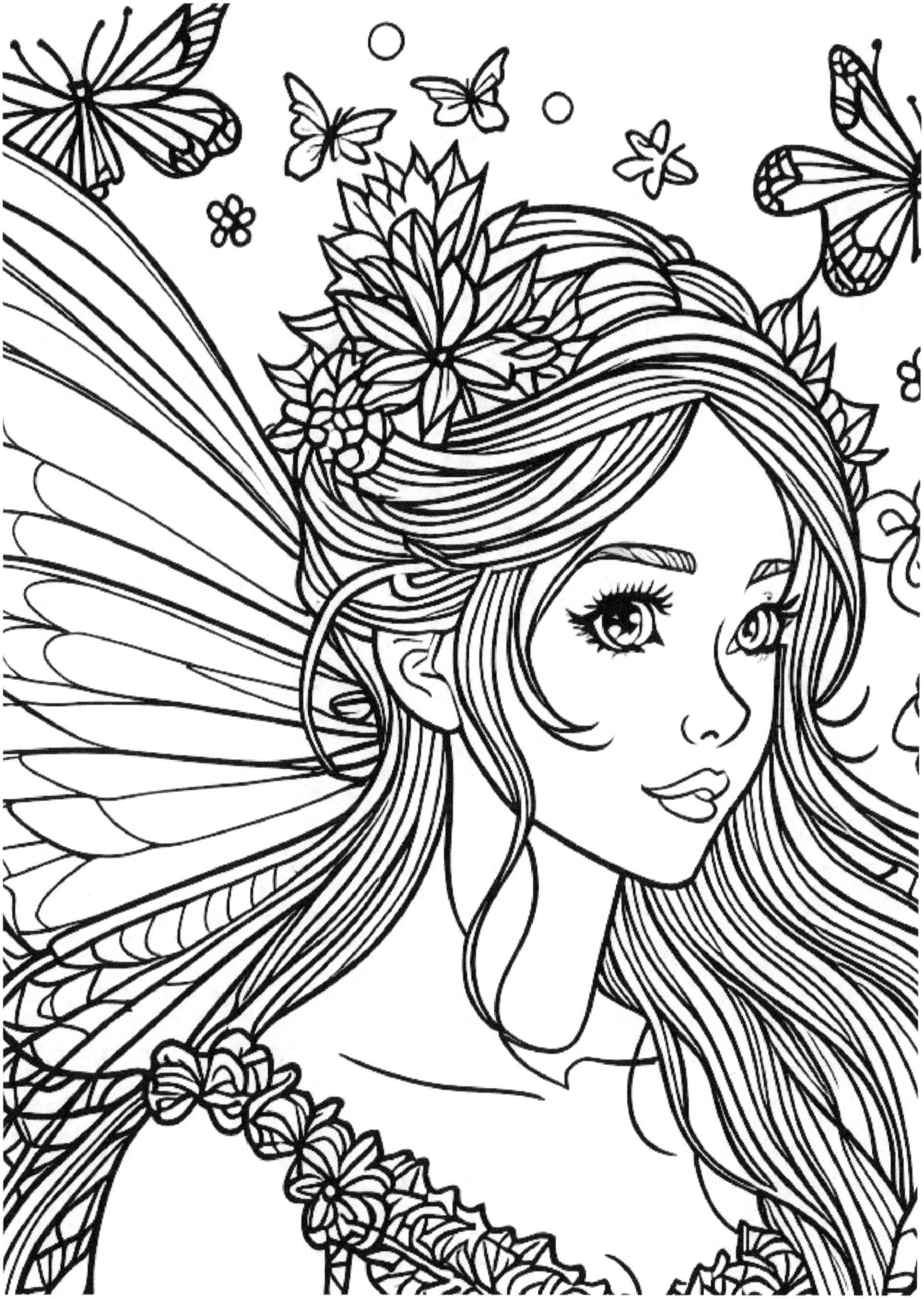

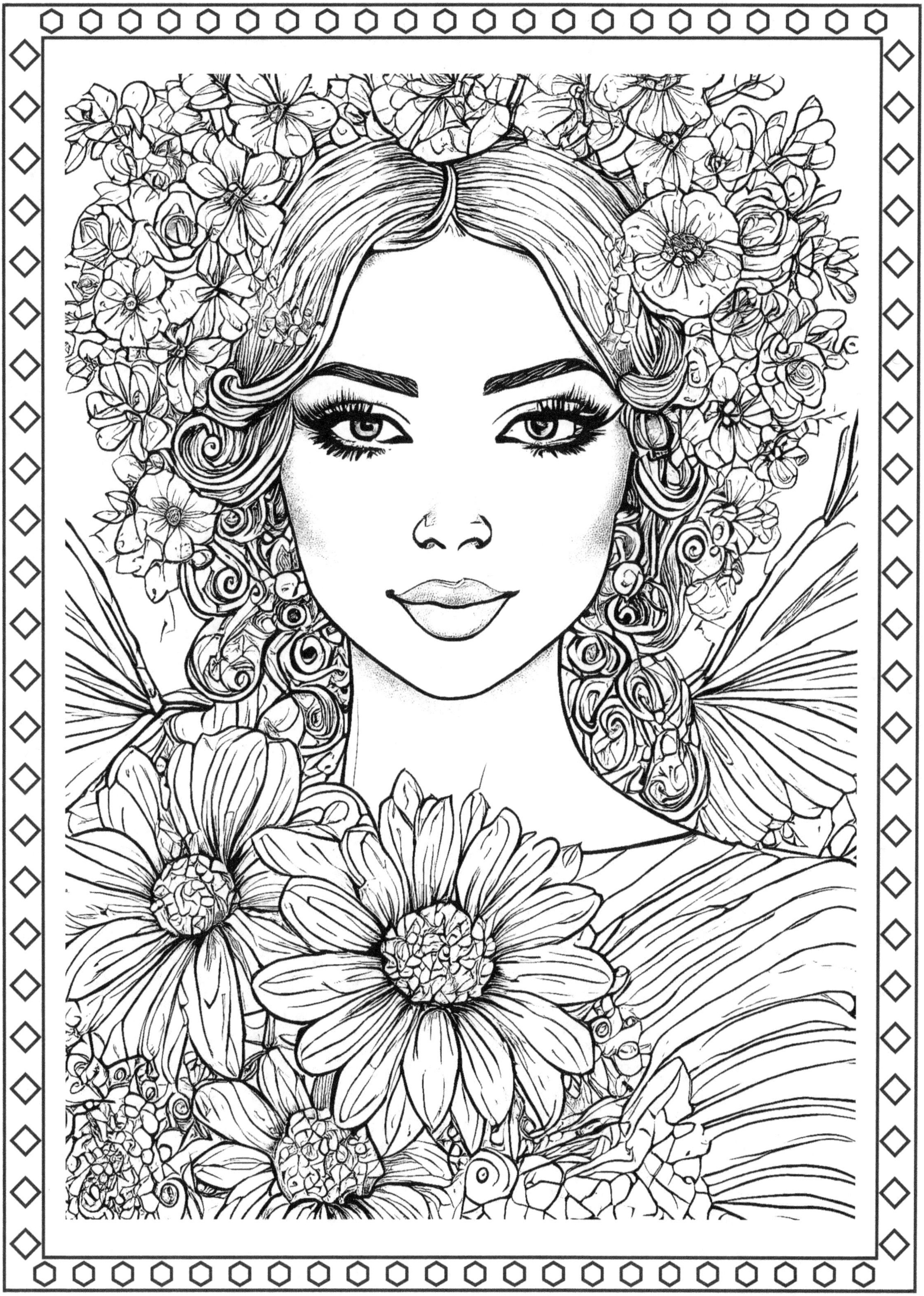

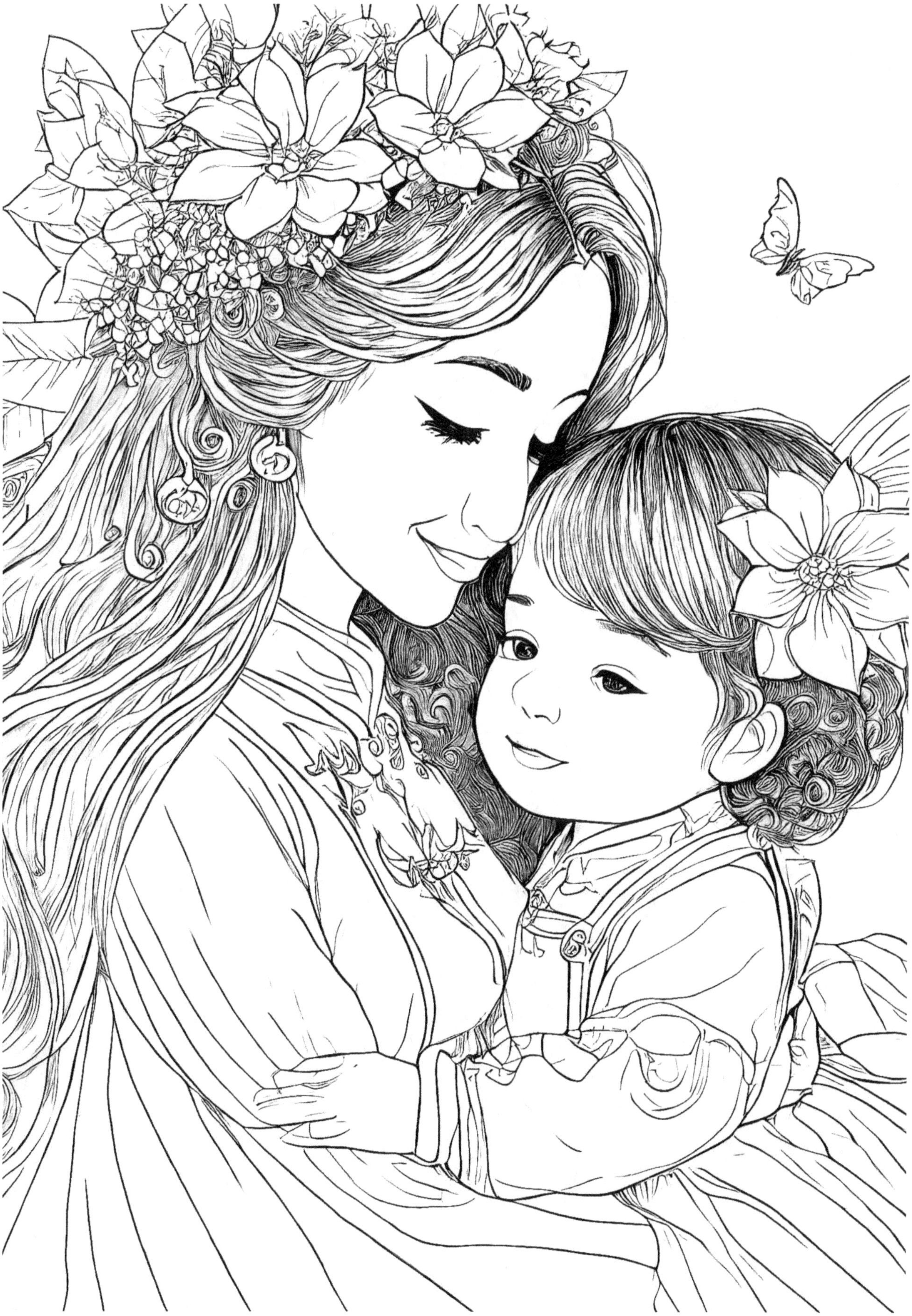

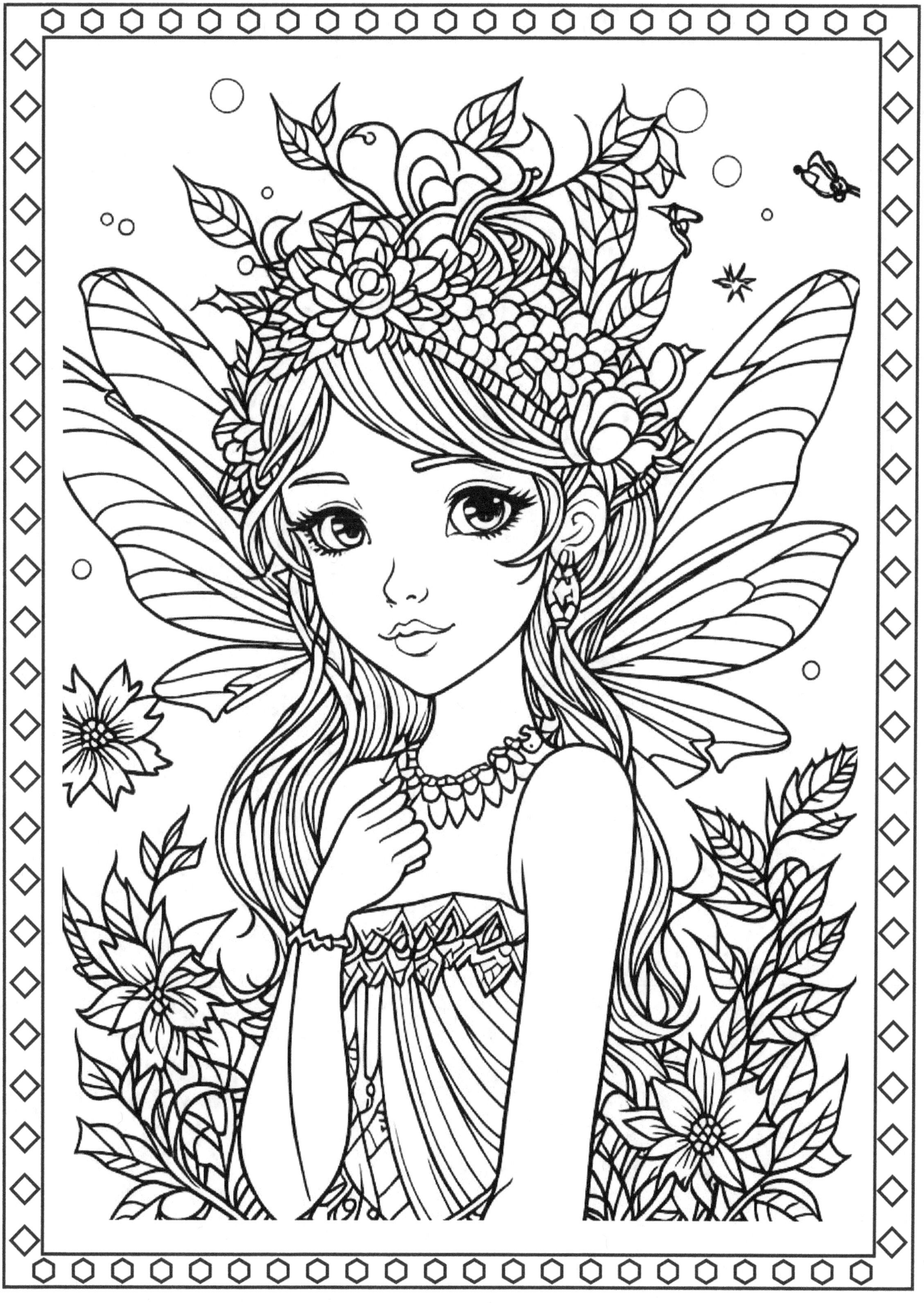

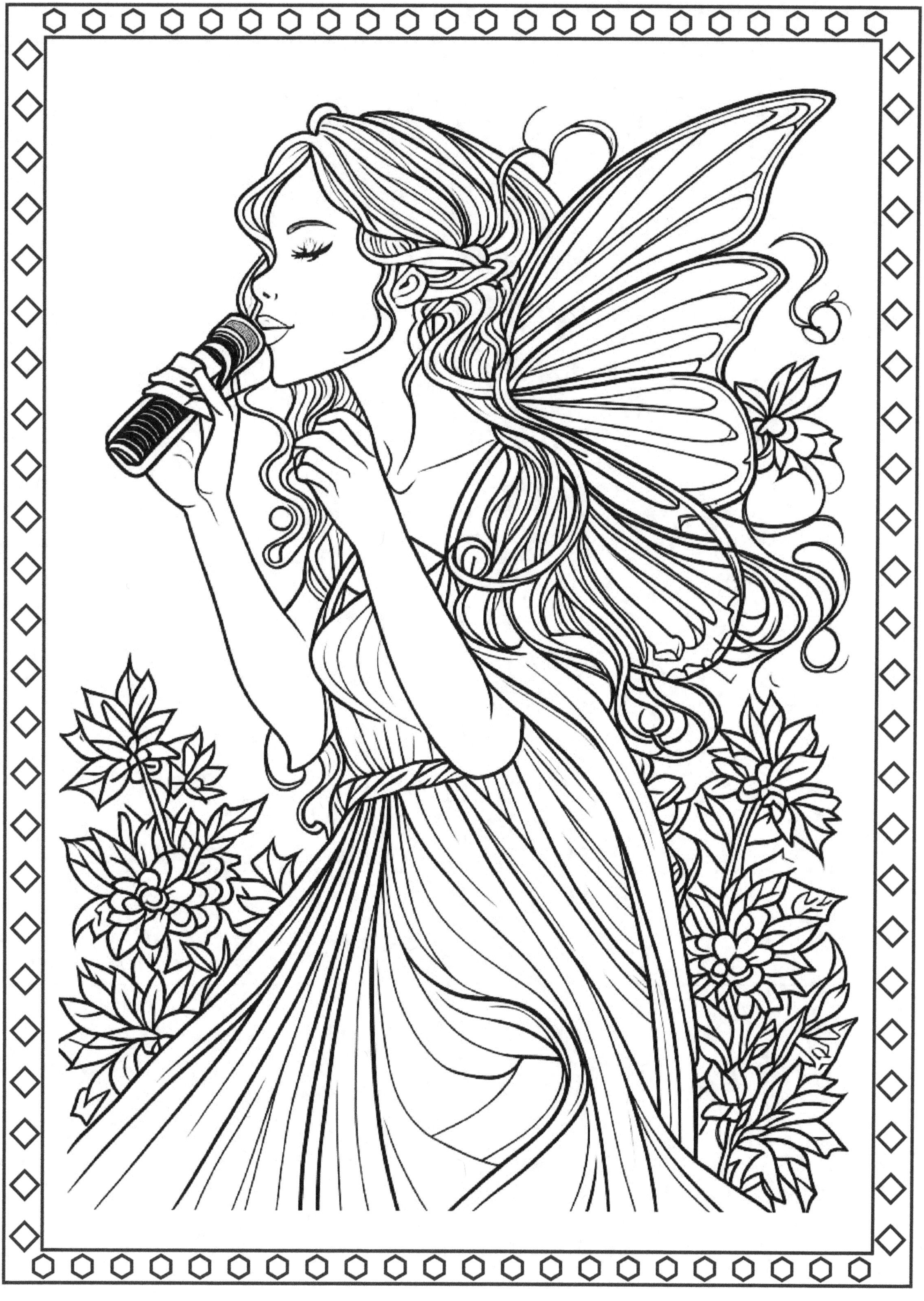

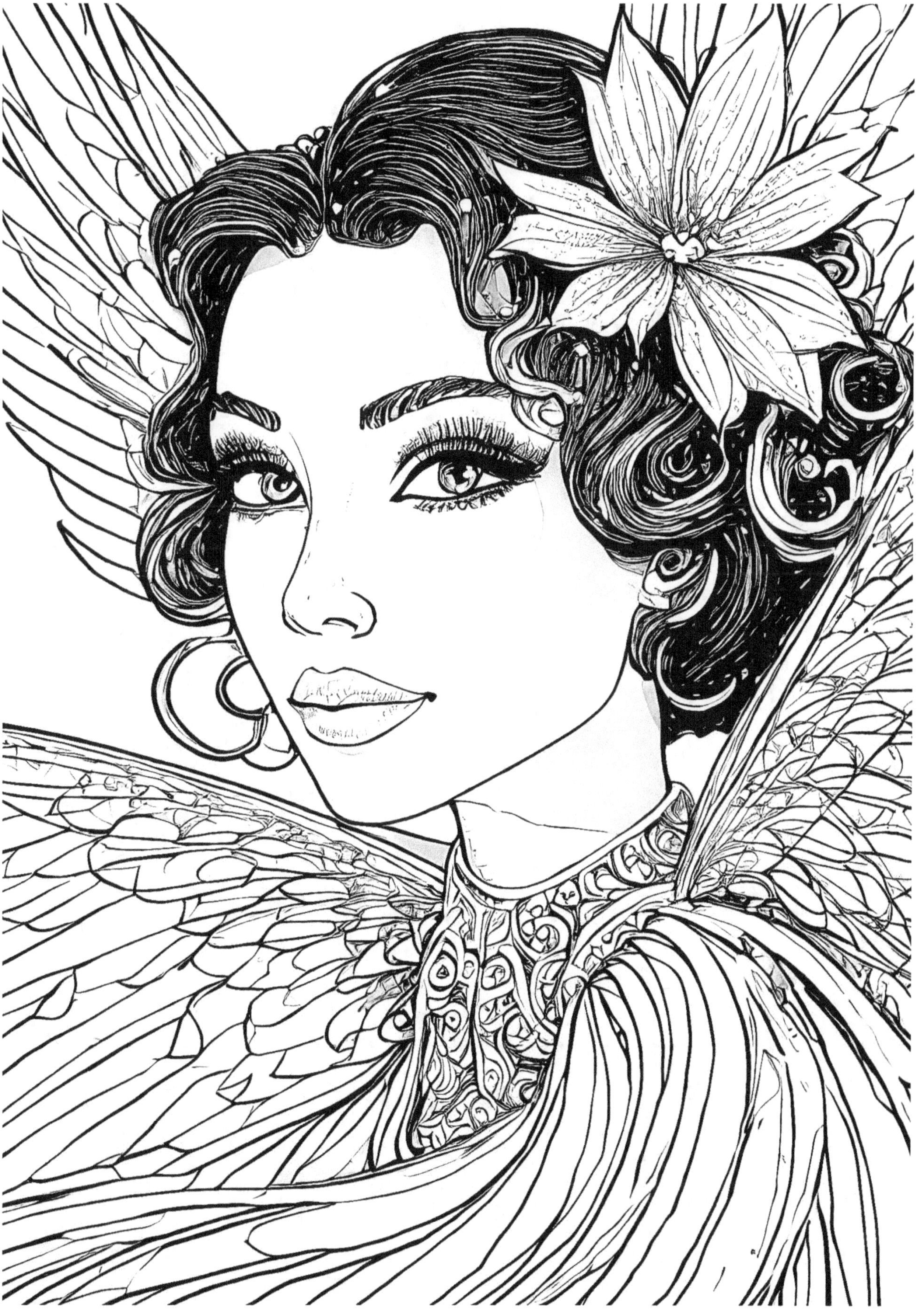

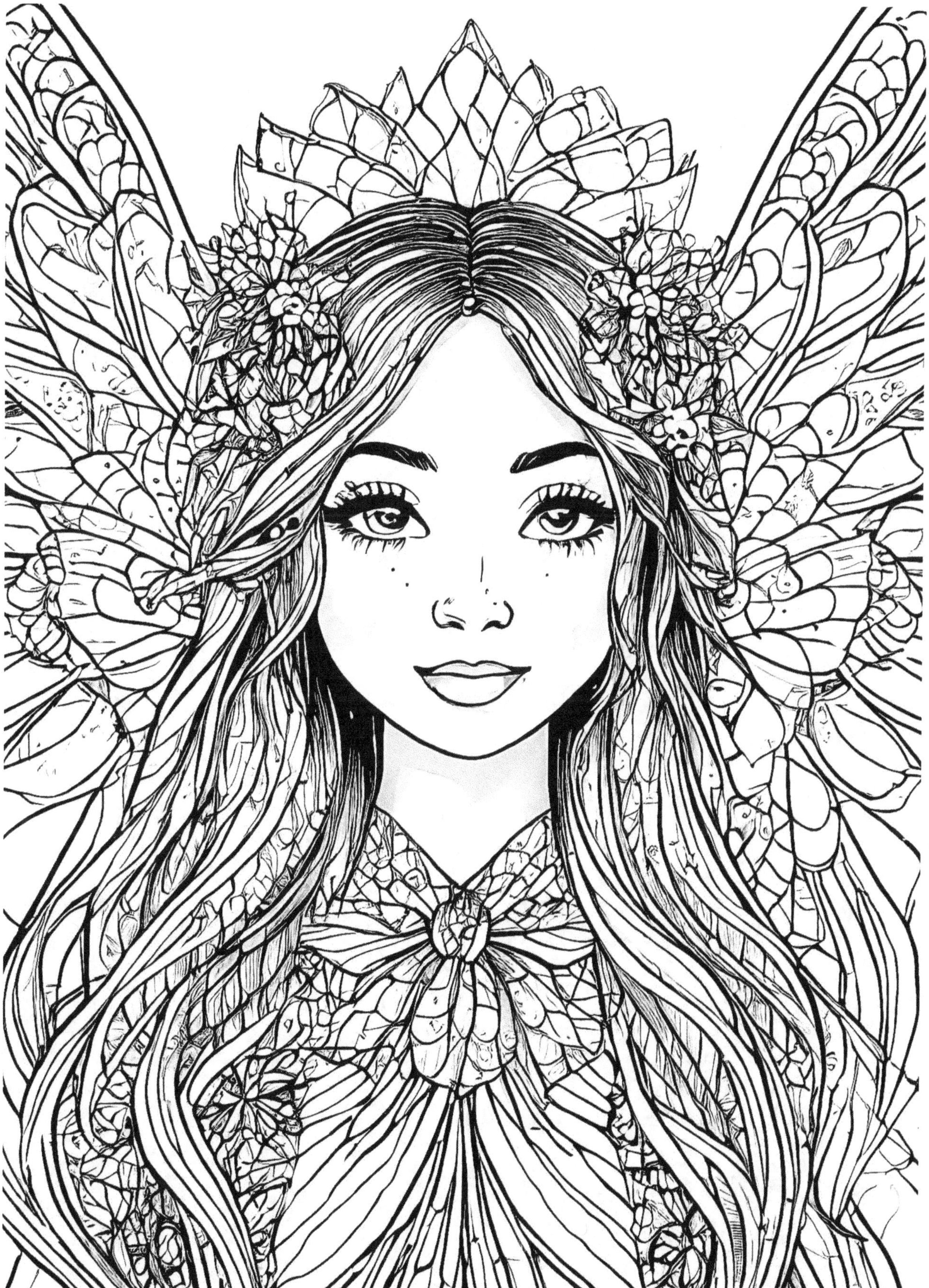

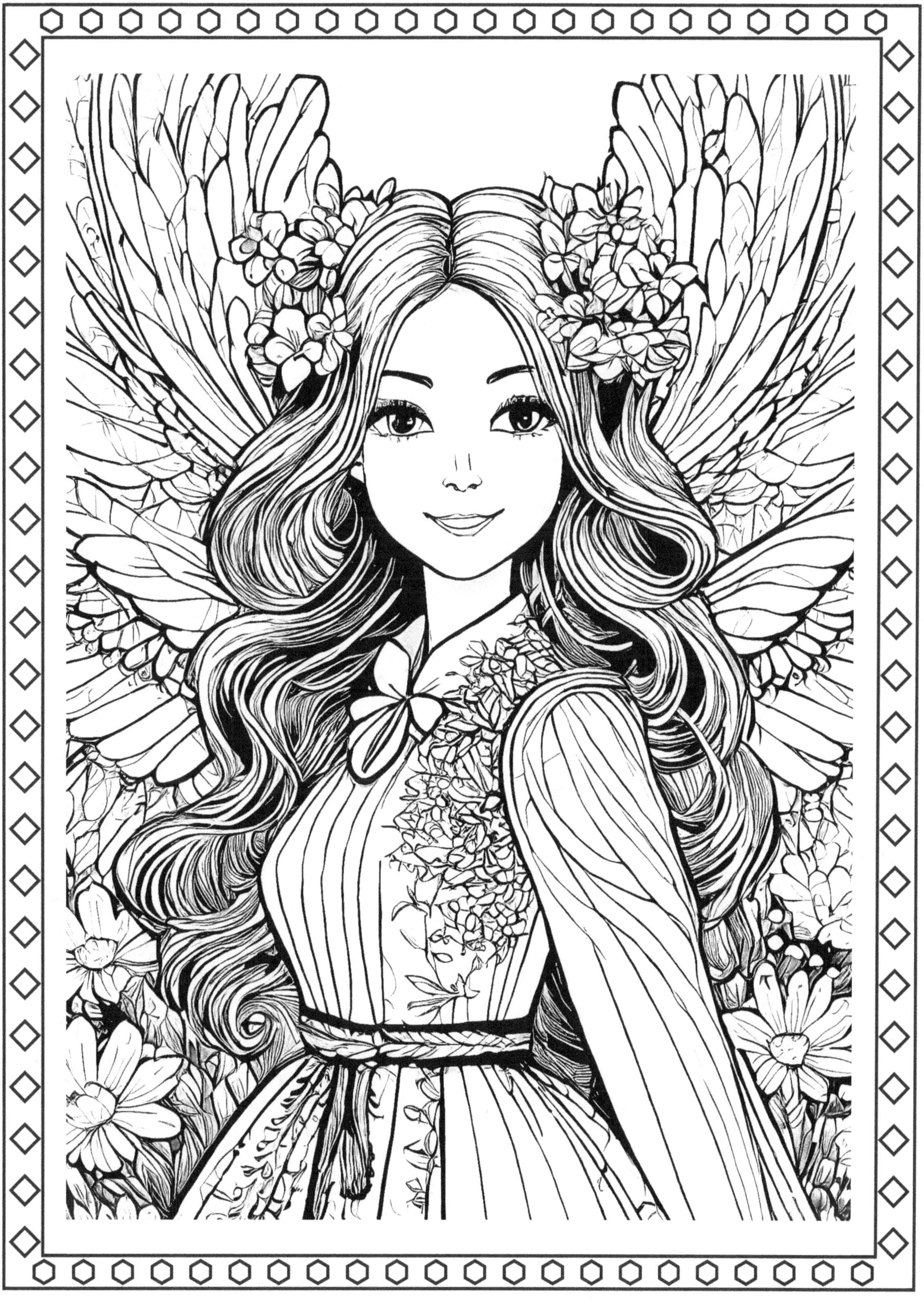

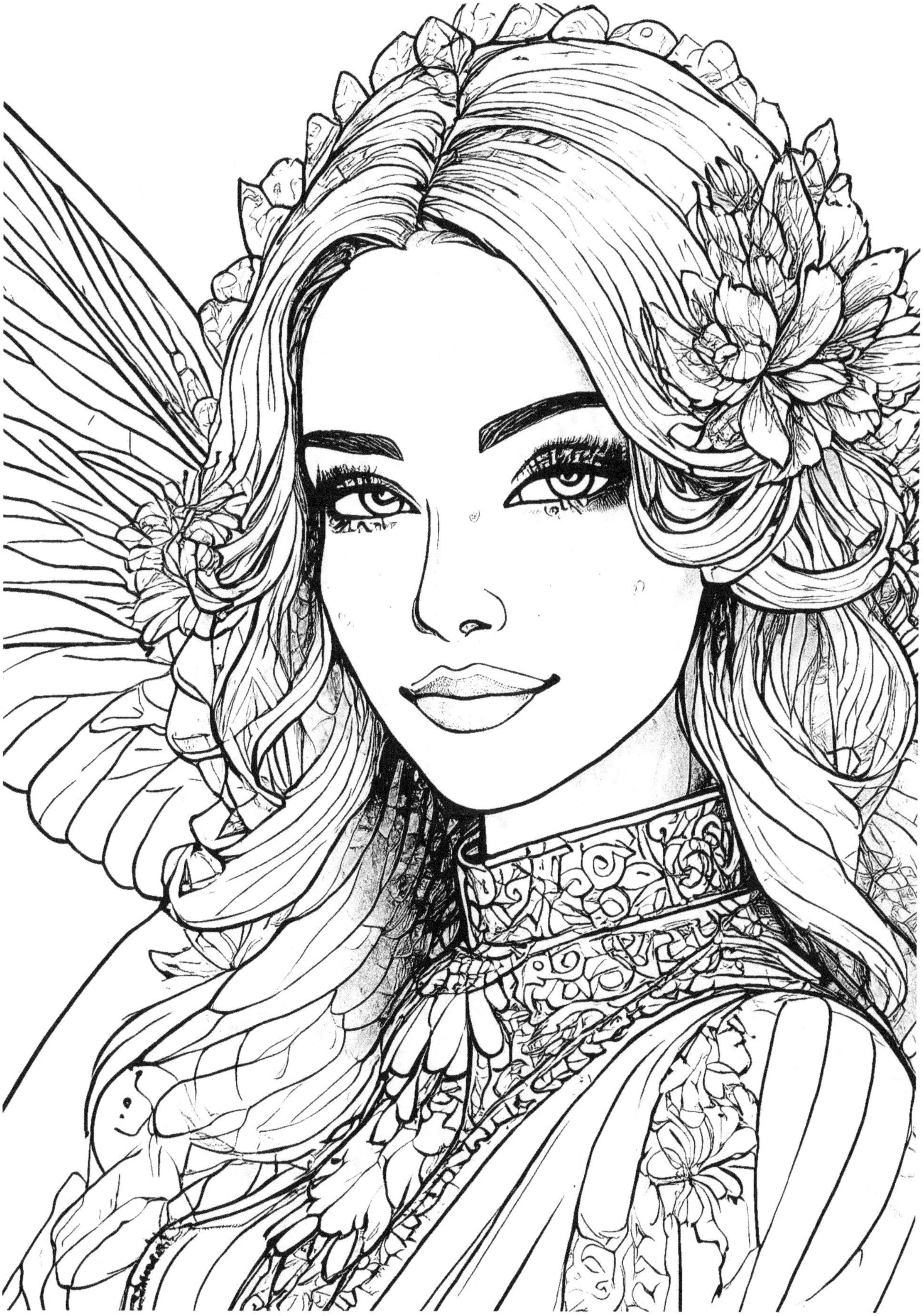

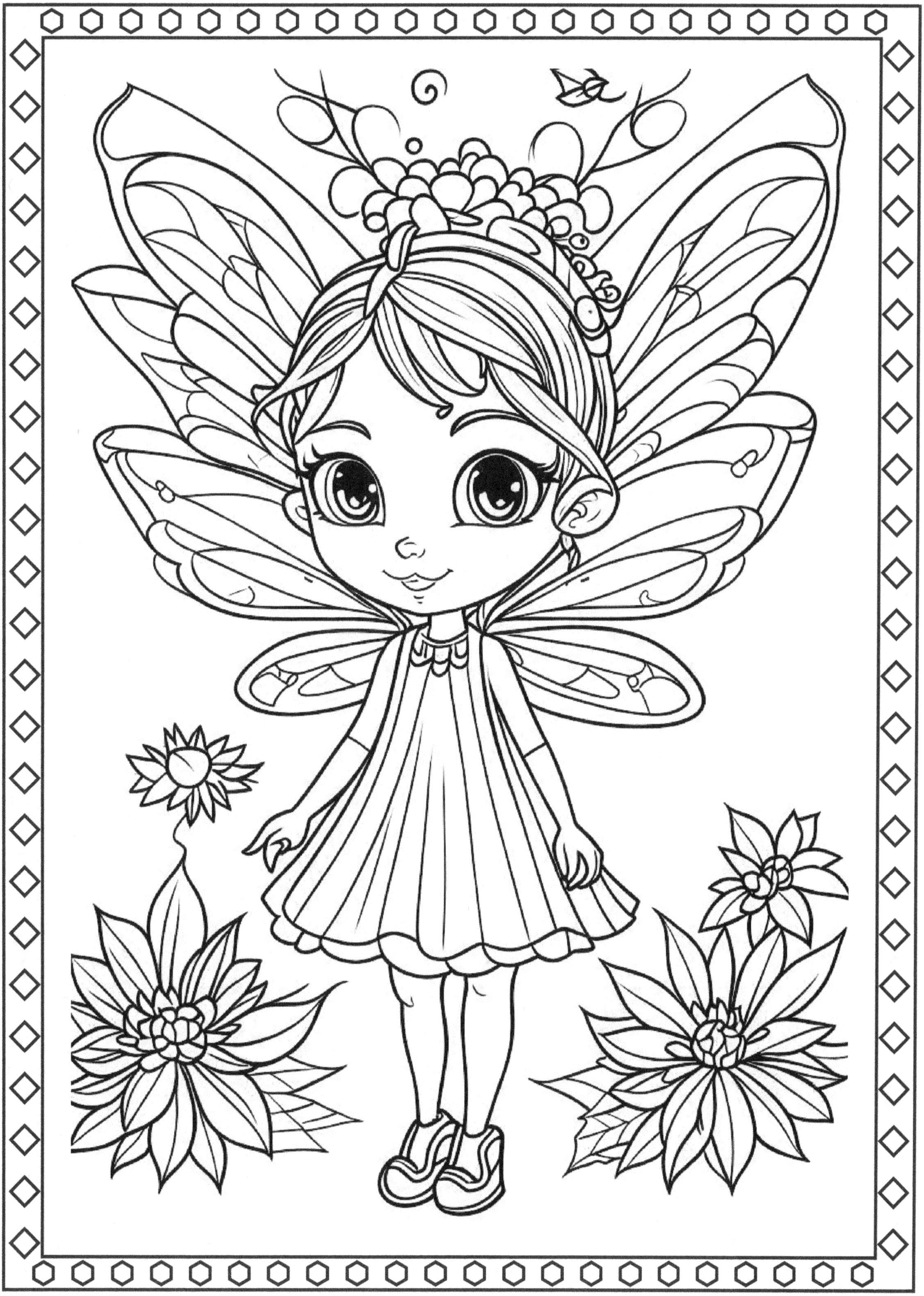

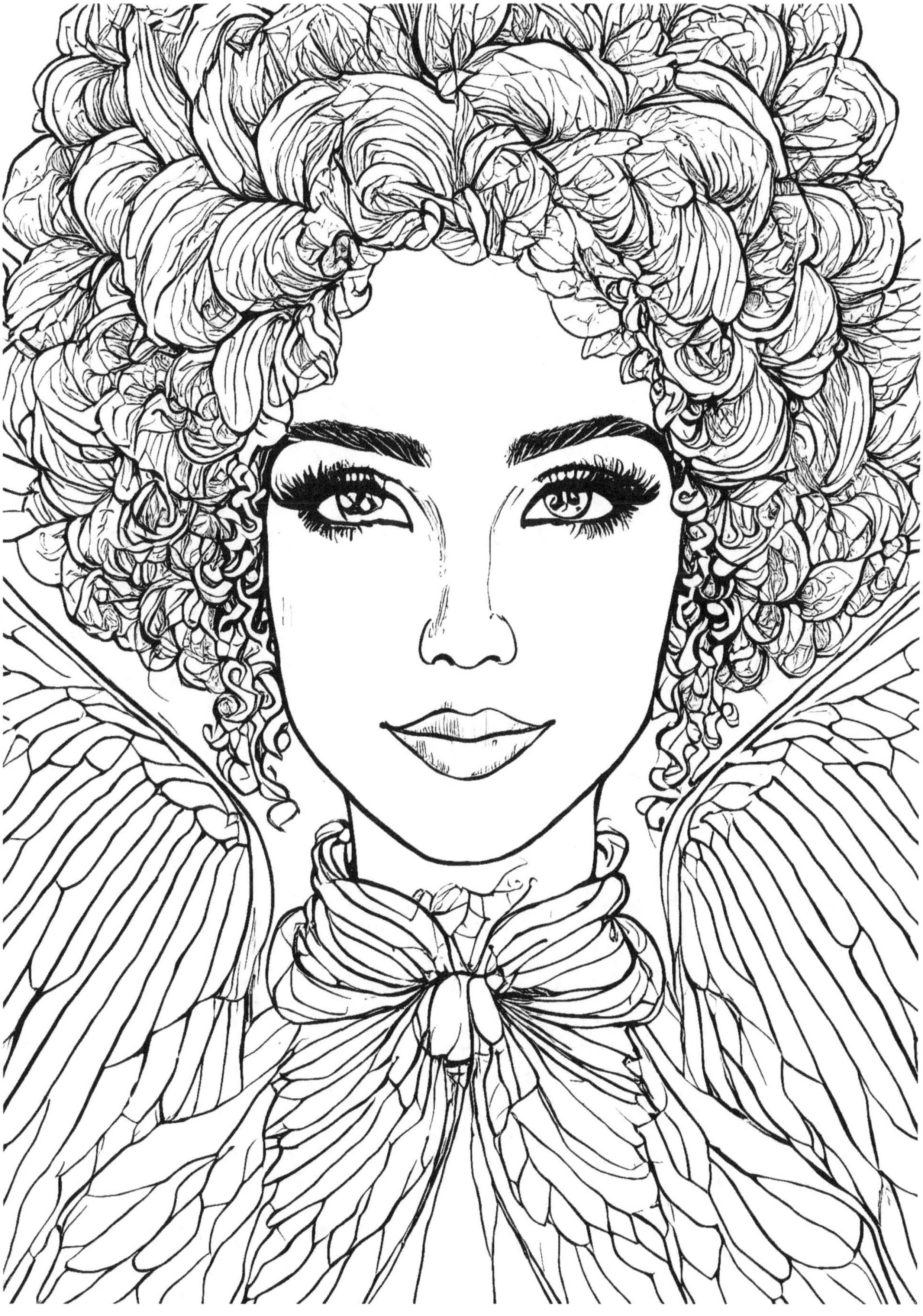

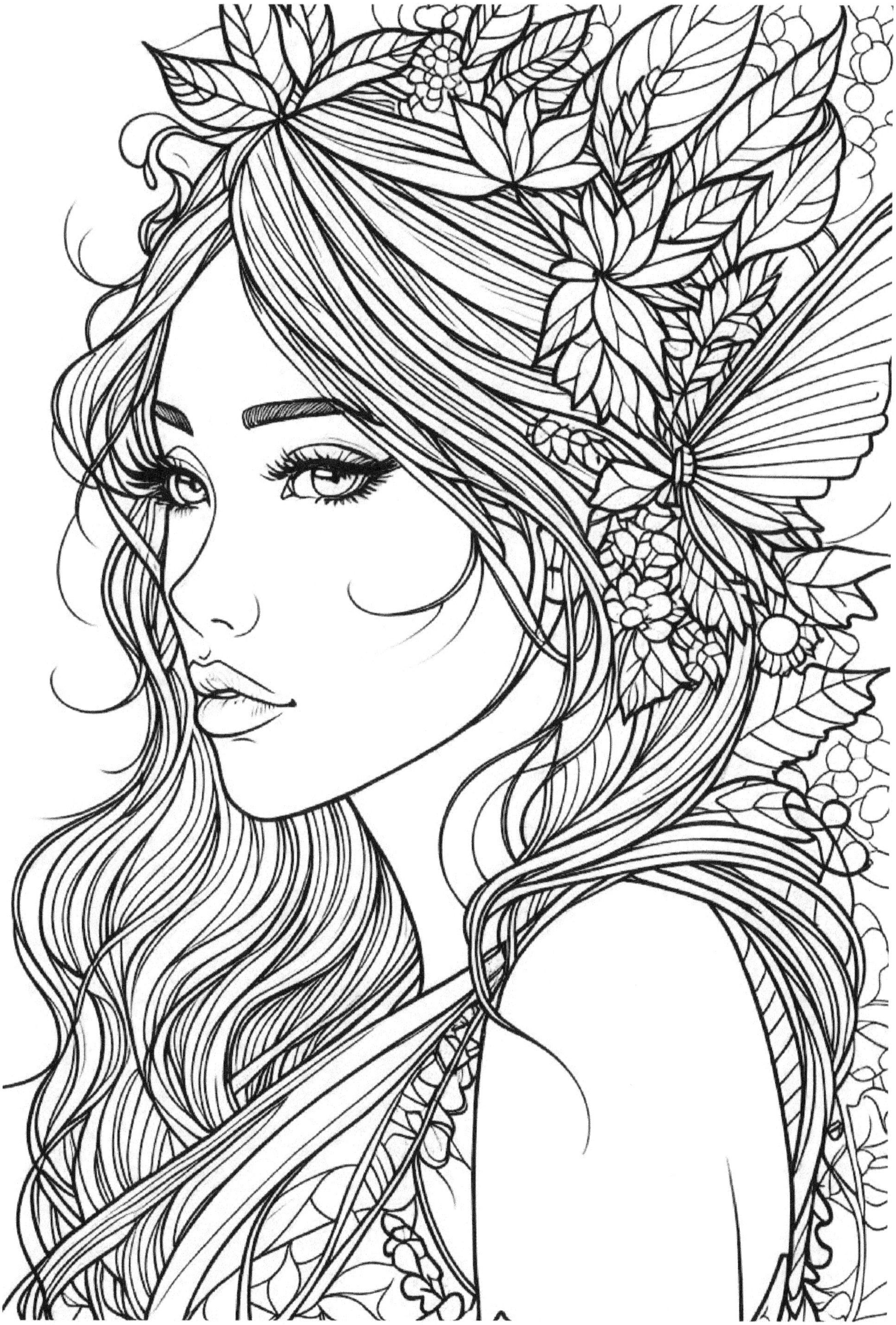

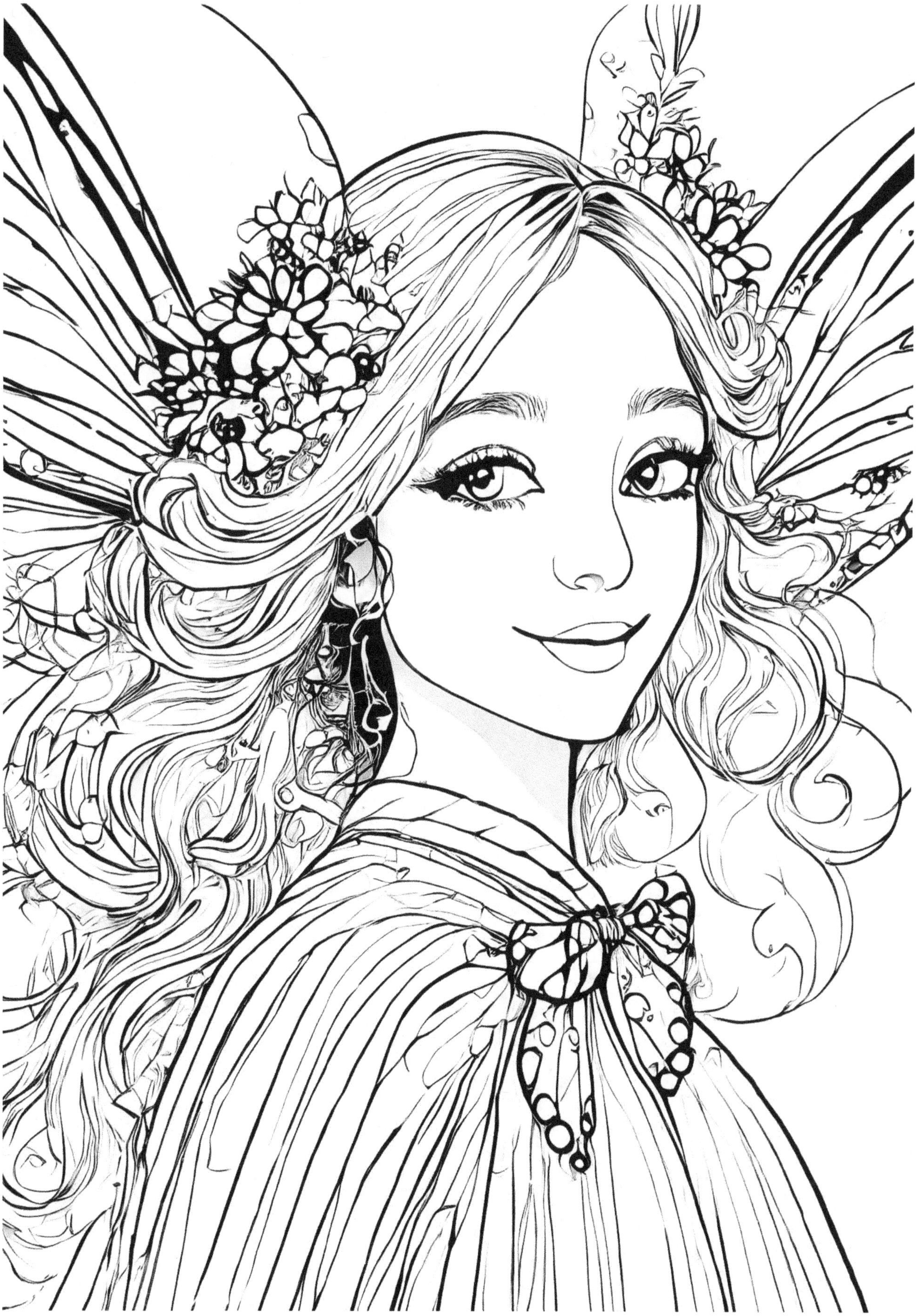

www.ingramcontent.com/pod-product-compliance
Lightning Source LLC
Chambersburg PA
CBHW081116290526
45795CB00006B/2141
* 9 7 9 8 8 8 0 3 9 1 5 2 3 *